Peter Bofinger

Zurück zur D-Mark?

Der Autor

Dr. Peter Bofinger, geb. 1954, ist seit 1992 Professor für Volkswirtschaftslehre an der Universität Würzburg. Im August 1997 war er Mitbegründer einer Initiative von 59 Professoren für den Euro, im August 2012 trat er mit Jürgen Habermas und Julian Nida-Rümelin für einen deutlichen Kurswechsel der deutschen Politik in der Euro-Krise ein. Gemeinsam mit renommierten europäischen Ökonomen verficht er einen Schuldentilgungspakt und eine gemeinsame europäische Fiskalpolitik. Seit März 2004 ist Bofinger als sogenannter »Wirtschaftsweiser« Mitglied im Sachverständigenrat der Bundesregierung zur Begutachtung der gesamtwirtschaftlichen Entwicklung. Er hat zahlreiche Bücher veröffentlicht, darunter ein Standardwerk zur Volkswirtschaftslehre und die Bestseller *Wir sind besser, als wir glauben* (2004) und *Ist der Markt noch zu retten?* (2009).

Peter Bofinger

Zurück zur D-Mark?

Deutschland braucht den Euro

Droemer

Besuchen Sie uns im Internet:
www.droemer.de

FSC
www.fsc.org
MIX
Papier aus verantwortungsvollen Quellen
FSC® C006701

Ein Unternehmen der Droemerschen Verlagsanstalt
Th. Knaur Nachf. GmbH & Co. KG, München

Lektorat: Heike Gronemeier
Umschlaggestaltung: ZERO Werbeagentur, München
Foto des Autors auf Seite 2: © privat
Satz: Adobe InDesign im Verlag
Druck und Bindung: CPI – Ebner & Spiegel, Ulm
Printed in Germany
ISBN 978-3-426-27613-6

2 4 5 3 1

Inhalt

IV.

Handlungsoptionen zum Erhalt der Währungsunion

V.

Zwischenlösungen als »Dritter Weg«?

VI.

Zurück zur D-Mark?

VII.

»United we stand, divided we fall«

Anhang

Vorwort
Zurück zur D-Mark?

In der Diskussion über die Zukunft des Euro haben »Wutbürger« und »Wutökonomen« die Oberhand gewonnen. Gleichermaßen verängstigt, enttäuscht und aufgebracht, sehen sie durch die Währungsunion den Wohlstand und die Ersparnisse in Deutschland bedroht. Die Krise des Euro ist für sie zum einen das Resultat einer grundlegenden Fehlkonstruktion sowie einer unzureichenden wirtschaftlichen Leistungsfähigkeit und Reformbereitschaft der »Südländer«, zu denen in der Regel auch das im Norden gelegene Irland gerechnet wird. Zum anderen werden dafür »die Politiker« verantwortlich gemacht, die sich ohne Hemmungen über die Regeln des Stabilitäts- und Wachstumspakts ebenso hinweggesetzt haben wie über die Nichtbeistands-Klausel (No-bail-out-Klausel) des Vertrags von Maastricht, die eine Haftung für Verbindlichkeiten anderer Mitgliedsstaaten ausschließt.

Vor lauter Wut wird dabei völlig übersehen, dass die öffentliche Verschuldung auch in anderen großen Volkswirtschaften der Welt deutlich höher ist als noch vor einem Jahrzehnt und dass die Neuverschuldung des Euro-Raums dabei weitaus geringer ausfällt als etwa in den Vereinigten Staaten, Japan oder Großbritannien. Und so wird vieles als Defekt des Euro angesehen, was in Wirklichkeit die Folge eines gewaltigen Erdbebens ist, das die gesamte Weltwirtschaft mit der globalen Finanzkrise erfasst hat. Noch sehr viel weniger wird das tiefer liegende Problem erkannt, dass die Weltwirtschaft nicht mehr nachhaltig wachsen kann, wenn die Einkommensverteilung immer ungerechter wird. Die hohen Staatsdefizite waren nichts anderes als Substitute für die fehlende Kaufkraft der vom allgemeinen Wirtschaftswachstum abgekoppelten Durchschnitts-Arbeitnehmer.

Aber davor verschließt man in Deutschland gerne die Augen, nicht zuletzt weil man noch immer einer D-Mark-Nostalgie anhängt. Der Euro wird immer noch als Teuro wahrgenommen, obwohl die deutsche Inflationsrate nach 1999 deutlich niedriger war als zu Zeiten der Bundesbank-Autonomie. In den Köpfen vieler Deutscher hat sich die Überzeugung festgesetzt, dass der Euro nur Nachteile gebracht habe (abgesehen von den Erleichterungen bei Auslandsreisen) und dass »wir« die Zahlmeister der Union seien, die zunehmend für die Verfehlungen der »anderen« aufkommen müssten.

Wut, Angst und Enttäuschung sind generell schlechte Ratgeber. Beim Thema Euro hat dieses unselige Dreigestirn inzwischen bei vielen Ökonomen und Politikern zu einer völligen Blockade-Haltung geführt. Ausdruck dieses »bis hierher und nicht weiter« sind die Klagen gegen den Europäischen Stabilitätsmechanismus, die mit der Forderung verbunden werden, keine weitere Aufstockung der Rettungsfazilitäten zuzulassen, sowie die Kritik an den TARGET2-Salden und Anleihekäufen der Europäischen Zentralbank. In die gleiche Richtung gehen die Appelle, die No-bail-out-Klausel und die Regeln des Stabilitäts- und Wachstumspakts von nun an strikt einzuhalten. Dass sich gerade Deutschland dabei nicht gerade rühmlich hervorgetan hat, wird von den Kritikern gerne unter den Teppich gekehrt. Zudem werden mit dem Plädoyer für einen Austritt Griechenlands aus der Euro-Zone und anderen Vorschlägen für eine partielle Auflösung der Währungsunion schon erste Versuche eines Rückzugs aus dem Euro eingeleitet.

Natürlich ist es völlig legitim, auf die Risiken der Rettungsschirme und weiterer Maßnahmen hinzuweisen und über mögliche Optionen für Griechenland oder andere Krisenländer nachzudenken. Aber man muss sich dabei der Tatsache bewusst sein, dass der Euro derzeit um sein Überleben kämpft. Das System ist in den beiden letzten Jahren so stark destabilisiert worden, dass es derzeit nur mit Rettungsschirmen und den Hilfen der EZB überlebensfähig ist. Wer dazu aufruft, diese intensivmedizinischen Maßnahmen sofort einzustellen, nimmt billigend den Tod des Euro in Kauf. Man kann es daher nur als Ausdruck der Verwirrung ansehen, wenn man das Einstellen der künstlichen Beatmung in der aktuellen Debatte sogar als Rettung und Stärkung des Euro verkaufen kann. Denn es geht längst nicht mehr um die Frage, ob die EZB Anleihen kaufen soll oder nicht. Es geht allein darum, ob wir den Euro so weiterentwickeln, dass er wieder aus eigener Kraft lebensfähig ist, oder aber zurück zur D-Mark wollen.

Für die Zukunft der Währungsunion werden die nächsten Wochen und Monate entscheidend sein. Mit jedem Tag, den die Krise sich unkontrolliert weiterfrisst, nehmen die zentrifugalen ökonomischen und politischen Tendenzen zu, so dass es eines immer größeren Kraftaktes bedürfen wird, die schwierigen Operationen vorzunehmen, die für eine grundlegende Neugestaltung der Währungsunion erforderlich sind.

Ob dies gelingen wird, ist alles andere als sicher. Politiker, die wie Helmut Schmidt, Helmut Kohl oder Gerhard Schröder bereit waren, das aus ihrer Sicht Notwendige zu tun – auch wenn es unpopulär war und wohl wissend, dass sich dies für ihre Wiederwahlchancen nachteilig auswirken würde –, sind heute selten geworden. Vielmehr lassen sie sich von den antieuropäischen Stimmungen in den Medien und der Bevölkerung treiben und tragen so wiederum dazu bei, diese zu verstärken. Und da dann doch immer wieder kurzfristige Rettungsmaßnahmen unvermeidlich sind, steigt die Verdrossenheit über die Politiker, die deutsche Steuergelder scheinbar in Fässern ohne Boden versenken.

Die deutsche Politik muss daher sehr mutig sein, und das wird ihr nur möglich sein, wenn sie sich selbst und der Öffentlichkeit bewusst macht, dass es nicht mehr um einzelne Reparaturmaßnahmen, nicht mehr um eine Abfolge halbherziger Rettungsgipfel, sondern um ein »Alles oder Nichts« geht.

Wir stehen vor der grundsätzlichen Entscheidung, ob wir zurück zur D-Mark wollen oder aber bereit sind, einen großen Schritt in die Richtung einer stärkeren europäischen Integration zu gehen. Der Versuch, den Status quo durch immer neue Rettungsmaßnahmen zu stabilisieren, wird ebenso scheitern wie Zwischenlösungen, die einen zeitweisen Austritt einzelner Länder aus der Währungsunion vorsehen.

In diesem Buch soll zum einen gezeigt werden, dass Europa grundsätzlich unser Vertrauen verdient, auch wenn im vergangenen Jahrzehnt vieles falsch gelaufen ist. Alle Beteiligten, nicht nur Griechenland, sondern auch Deutschland und die Europäische Zentralbank, haben in den Jahren 1999 bis 2007 auf ihre Weise zum Ausbruch der Krise beigetragen. Und natürlich haben die Finanzmärkte in Europa einen ähnlich großen Flurschaden angerichtet wie in den Vereinigten Staaten. Seit 2010 haben sich alle Problemländer tapfer bemüht, ihre Staatshaushalte zu konsolidieren und Strukturreformen in Angriff zu nehmen. Wenn die Erfolge nicht sichtbarer sind, liegt dies nicht zuletzt an dem Wirtschaftseinbruch, der von den rigiden Sparprogrammen ausgelöst wurde. Man kann sich in Griechenland sicher noch größere Anstrengungen vorstellen, aber es kommt auf die Perspektive an. Es ist nicht nur unfair und einseitig, wenn deutsche Politiker die ganzen Bemühungen mit dem Bild des »halbleeren Glases« darstellen, wo man sie durchaus als »halbvolles Glas« präsentieren könnte. Es führt auch zu einem völligen Unverständnis in der Bevölkerung, wenn dieselben Politiker dann kurz darauf zusätzliche Rettungsmaßnahmen für ebendiese Länder beschließen. Vor allem aber sollte man berücksichtigen, dass es heute im aktuellen Krisenumfeld für ein einzelnes Land kaum noch möglich ist, sich gegenüber teils panischen, teils aggressiven Finanzmärkten alleine zu behaupten, wir also alle in der Verantwortung stehen.

Mit dem Euro 2.0 soll ein Lösungsweg aufgezeigt werden, der nach einer temporären Stabilisierung durch die EZB möglichst schnell eine grundlegend neue Architektur der Währungsunion ansteuert. Sie erfordert neben der Säule einer einheitlichen Geldpolitik unter der Verantwortung einer politisch unabhängigen Notenbank eine zweite Säule einer fiskalischen Integration unter der Regie einer demokratisch legitimierten europäischen Institution. Konkret muss der Euro 2.0 durch eine sehr viel direktere Kontrolle über Mitgliedsländer mit einer unsoliden Fiskalpolitik gekennzeichnet sein. Das setzt einen nationalen Souveränitätsverzicht zugunsten eines durch das Europäische Parlament legitimierten »Europäischen Finanzministers« voraus. Im Gegenzug sollte den Mitgliedsländern eine Finanzierung im Rahmen einer Gemeinschaftshaftung eröffnet werden, die sie vor den durch Panikattacken ausgelösten überzogenen Renditeforderungen der Finanzmärkte schützt. Beides zusammen gewährleistet stabile und nachhaltige öffentliche Finanzen im Euro-Raum und bietet damit zugleich den besten

Schutz für die deutschen Steuerzahler, Sparer und Rentner vor Regressansprüchen aufgrund einer Garantieübernahme für andere Staaten. Es gibt keinen Zweifel, dass die mit dem Euro 2.0 verbundene Übertragung von nationaler Souveränität auf die europäische Ebene nationale Referenden erforderte. Ob dies in Deutschland positiv für den Euro ausfallen würde, ist alles andere als sicher. Aber es kommt auf die Alternativen an.

Der Schritt in die Richtung einer stärkeren europäischen Integration ist nicht ohne Risiken. Doch dies gilt in noch sehr viel stärkerem Maße für alle anderen Lösungen, die zwangsläufig einen Ausstieg aus der Währungsunion bei voller Fahrt bedeuten würden. Die schlechteste Variante wäre ein weiteres »Durchwursteln«, wie wir es in den letzten dreißig Monaten erlebt haben. Es droht zu einem ökonomischen und politischen Desaster zu führen. Ohne einen Strategiewechsel muss man damit rechnen, dass der Euro-Raum immer tiefer in die Rezession gerät, und dass Banken nur mit immer größeren Haftungsverpflichtungen für Deutschland zu stabilsieren sind. Am Ende wäre der Zusammenbruch des Euro dann doch nicht zu verhindern.

Kaum besser als ein solcher »Schrecken ohne Ende« wäre ein »Ende mit Schrecken«, der in einer gezielten Auflösung der Währungsunion bestünde. Neben den schwer kalkulierbaren Risiken des Übergangs würde sich die deutsche Wirtschaft einer massiven Aufwertung der neuen D-Mark nicht nur gegenüber den anderen europäischen Währungen, sondern auch gegenüber dem US-Dollar, dem Yen und dem Renminbi gegenübersehen. Das Schicksal unserer Wirtschaft läge dann mehr denn je in den Händen der völlig unkalkulierbaren Finanzmärkte. Die Erfahrungen Japans zeigen, wie sehr ein wirtschaftlich hoch leistungsfähiges Land dabei in eine deflationäre

Entwicklung und eine extrem hohe Staatsverschuldung geraten kann.

Die Folgen eines Scheiterns der Währungsunion gingen jedoch weit darüber hinaus. Wenn die Weltwirtschaft nach Jahrzehnten eines vor allem durch private und dann öffentliche Verschuldung getriebenen Wachstums wieder zu einem nachhaltigen Entwicklungsmodell zurückfinden soll, müssen die Einkommen weltweit gerechter verteilt werden. Das setzt voraus, dass die Rechte von Arbeitnehmern und die Stellung von Gewerkschaften gestärkt und nicht noch weiter geschwächt werden. Im nationalen Alleingang ist das unter dem Druck des globalen Wettbewerbs heute kaum noch durchsetzbar. Allein die Europäische Union kann hierfür den notwendigen Rahmen bieten, doch er wird nur genutzt werden, wenn sich die Staaten Europas in erster Linie als solidarische Partner und nicht als antagonistische Konkurrenten verstehen. Die große Chance der Euro-Krise besteht darin, dass die Mitgliedsländer gemeinsam die Kraft finden, den Schritt nicht nur zu einer stabileren Währungsunion, sondern auch zu einem sozialeren Europa zu wagen.

I.
Globale Perspektive statt Tunnelblick

1.
Ein Außerirdischer auf der Suche nach der Krise

Nehmen wir einmal an, ein Außerirdischer mit einer fundierten Ausbildung als Ökonom würde sich für die wirtschaftliche Situation auf der Erde interessieren. Auf seinem Planeten Stella hat er davon gehört, dass ein großer Währungsraum der Erde in einer tiefen Krise steckt; nun möchte er herausfinden, um welche Währung es sich handelt. Er sucht sich also die wichtigsten gesamtwirtschaftlichen Daten für die sechs großen Währungsräume der Erde zusammen, um sie anschließend zu analysieren: China, die Europäische Währungsunion, das Vereinigte Königreich, Indien, Japan und die Vereinigten Staaten nimmt er gezielt unter die Lupe.

Als guter Volkswirt weiß er, dass das wichtigste Qualitätsmerkmal einer Währung die **Inflationsrate** ist. Nur so können die Menschen sicher sein, dass ihre Geldersparnisse über die Zeit hinweg ihren Wert behalten. Der Außerirdische kennt auch die volkswirtschaftliche Literatur, in der sich die meisten Geldtheoretiker darüber einig sind, dass eine Inflationsrate von 2 Prozent einen guten Zielwert für eine stabilitätsorientierte Geldpolitik darstellt. Dass dieser Wert durchaus recht ehrgeizig ist, kann man daran erkennen, dass die in Deutschland hoch respektierte Bundesbank in den Jahren von 1949 bis 1998, in denen sie die geldpolitische Verantwortung für Deutschland innehatte, eine durchschnittliche Inflationsrate von 2,7 Prozent erzielte.[1]

Die Inflationsraten für das Jahr 2012, die der Außerirdische in der Datenbank des Internationalen Währungsfonds findet, fallen für die sechs großen Währungsräume recht unterschiedlich aus. Indien liegt mit einer Inflationsrate von 8,2 Prozent weit vom Ziel der Geldwertstabilität entfernt. In Japan herrscht dagegen im dritten Jahr in Folge eine leichte Deflation, also eine Abweichung von mehr als zwei Prozentpunkten gegenüber der Marke von 2,0. Ganz genau kann den Zielwert keiner der sechs Währungsräume erreichen, mit einer Abweichung von rund einem halben Prozentpunkt schneiden der Euro-Raum, das Vereinigte Königreich und die Vereinigten Staaten jedoch recht gut ab. Als Kandidat für eine Währungskrise würde beim Kriterium Inflationsrate somit vor allem Indien ins Auge fallen.

Dem Ökonomen vom Planeten Stella reichen diese Kennzahlen jedoch noch nicht aus. Er kennt sich schließlich in der Wirtschaftsgeschichte sehr gut aus und weiß deshalb, dass es auch bei einer aktuell niedrigen Inflationsrate zu einer massiven Geldentwertung kommen kann, wenn die **Staatsverschuldung** zu stark zunimmt. Am Ende kann ein solcher Prozess dazu führen, dass eine Währungsreform erforderlich wird, bei der die Sparer große Teile ihres Vermögens verlieren. Der Stella-Ökonom nimmt daher als Nächstes die Neuverschuldung der Staaten in den sechs Währungsräumen unter die Lupe; dabei hat er im Hinterkopf, dass die europäischen Länder vor längerer Zeit ein Kriterium für die maximal zulässige Neuverschuldung von 3 Prozent des Bruttoinlandsproduktes aufgestellt haben.

Beim Blick in die Daten für das Jahr 2012 ist der Außerirdische ziemlich schockiert, wie hoch die Defizite in manchen Währungsräumen ausfallen. In Japan beträgt die Neuverschuldung fast 10 Prozent. In Indien, den Vereinigten Staaten und dem Vereinigten Königreich liegt der negative Budgetsaldo bei rund 8 Prozent. Vergleichsweise gut schneidet die Europäische Währungsunion ab, die gerade noch an der 3-Prozent-Grenze liegt. Mit einem Defizit von 1,3 Prozent ist China der Währungsraum mit den solidesten Staatsfinanzen.

Tabelle 1: Makroökonomische Daten wichtiger Währungsräume im Jahr 2012 (in Prozent)

	Abweichung der Inflation vom 2%-Ziel	Leistungs-bilanzsaldo	Budgetsaldo	Schulden-standsquote
China	1,3	2,3	−1,3	22,0
Indien	6,2	−3,2	−8,3	67,6
USA	0,3	−3,7	−8,3	108,6
Japan	−2,2	1,6	−9,9	214,1
Euro-Raum	0,4	1,0	−3,0	99,1
UK	0,6	−2,1	−7,7	104,2

Quelle: IWF, World Economic Outlook Database, OECD, Economic Outlook, Statistical Appendix

Unser Außerirdischer setzt nun also neben Indien auch Japan auf die Liste möglicher Kandidaten für eine Währungskrise. Und er würde sich in dieser Entscheidung erst recht bestärkt sehen, wenn er neben dem Haushaltsdefizit auch noch die Höhe der Staatsverschuldung mit in den Blick nähme. Da es für die Beurteilung der öffentlichen Schulden immer auch auf die Wirtschaftsleistung eines Landes ankommt, ist der hierfür geeignete Indikator die **Schuldenstandsquote**. Sie lässt sich ganz einfach errechnen, indem man den Schuldenstand eines Landes in das Verhältnis zu seinem nominellen Bruttoinlandsprodukt setzt, das ja die Wirtschaftsleistung einer Volkswirtschaft widerspiegelt. Auch hier haben die Länder der Europäischen Union vor langer Zeit im Rahmen des Stabilitäts-

und Wachstumspakts einen Schwellenwert fixiert, der 60 Prozent des BIP eines Landes beträgt. Er wurde 1990 einfach vom Mittelwert der Schuldenstandsquoten der damaligen Mitgliedsländer abgeleitet.

Was dieses Kriterium anbelangt, ist wiederum China das Land, das im Jahr 2012 mit einer Schuldenstandsquote von 22 Prozent die solidesten Staatsfinanzen aufweisen kann. Indien schneidet bei diesem Indikator mit 67,6 Prozent recht passabel ab, der Euro-Raum hingegen liegt knapp unter der 100-Prozent-Schwelle. Mit Werten von 104,2 und 108,6 Prozent folgen das Vereinigte Königreich und die Vereinigten Staaten. Aber was ist nur mit Japan los? Seine Schuldenstandsquote ist mit 214,1 Prozent mehr als dreimal so hoch wie der Referenzwert des Vertrags von Maastricht. Der Außerirdische würde nun etwas unsicher werden. Indien? Oder doch eher Japan?

Zum Abschluss seiner Analyse wirft er noch einen Blick auf die **Leistungsbilanzsalden** der sechs Währungsräume. An der Universität von Stella hat er schließlich gelernt, dass diese Größe die Differenz zwischen den Einnahmen und Ausgaben einer Volkswirtschaft abbildet, so dass man an einem Leistungsbilanzdefizit erkennen kann, dass eine Volkswirtschaft über ihre Verhältnisse gelebt hat. Für die Stabilität des Finanzsystems eines Währungsraums ist es deshalb gefährlich, wenn es über längere Zeit hinweg zu hohen Defiziten in der Leistungsbilanz kommt. Und auch bei diesem Indikator leuchtet bei Indien ein rotes Licht auf. Im Jahr 2012 wies seine Leistungsbilanz einen Fehlbetrag in Höhe von 3,2 Prozent seiner Wirtschaftsleistung auf. Allerdings wird es dabei von den Vereinigten Staaten noch übertroffen, die auf ein Defizit von 3,7 kommen. Während das Vereinigte Königreich mit 2,1 Prozent ebenfalls noch einen negativen Leistungsbilanzsaldo verzeichnet, können der Euro-Raum (1 Prozent),

Japan (1,6 Prozent) und China (2,3 Prozent) jeweils einen Überschuss erzielen. Diese drei Währungsräume leben also nicht über ihre Verhältnisse, sondern darunter, da die Einnahmen aller Akteure (Staat, private Haushalte, Unternehmen) im Jahr 2012 höher sind als deren Ausgaben.

Da auch auf Stella gerne **Rankings** gemacht werden, erstellt der Außerirdische für alle vier Kriterien eine Rangliste, um so zu einem Gesamturteil über die geld- und fiskalpolitische Stabilität der sechs Währungsräume zu gelangen. Japan schneidet dabei am schlechtesten ab, gefolgt von Indien und den Vereinigten Staaten. Die solideste Volkswirtschaft ist nach diesem Ranking China, den zweiten Platz erreicht der Euro-Raum. Mit einem merklichen Abstand schafft es das Vereinigte Königreich noch auf den dritten Platz.

Tabelle 2: Ranking der Währungsräume bei wichtigen makroökonomischen Indikatoren im Jahr 2012

	Inflation	Leistungsbilanzsaldo	Budgetsaldo	Schuldenstandsquote	Summe
China	4	1	1	1	7
Indien	6	5	4	2	17
USA	1	6	4	5	16
Japan	5	2	6	6	19
Euro-Raum	2	3	2	3	10
UK	3	4	3	4	14

Und somit würde unser Außerirdischer zu dem Ergebnis kommen, dass die große Währungskrise, von der er auf seinem Stern gehört hat, entweder eine Yen- oder eine Rupie-Krise sein müsse. Nie und nimmer würde er auf die Idee kommen, dass sich die Krise ausgerechnet im Euro-Raum manifestiert hat.

Diese Außenperspektive verdeutlicht vor allem, dass es viel zu kurz gegriffen ist, wenn in der deutschen Debatte die Währungsunion als entscheidende Ursache für die hohe öffentliche Verschuldung verantwortlich gemacht wird. Auch die pauschale Kritik an den Politikern, die einfach nicht verantwortungsvoll mit öffentlichen Geldern umgehen können, ist unangemessen. Der Vergleich mit den anderen großen Währungsräumen lässt vielmehr erkennen, dass es in den letzten Jahren weltweit große Verwerfungen gegeben hat, die auch in Volkswirtschaften mit einer eigenständigen nationalen Währung offensichtlich nur schwer ohne eine höhere staatliche Kreditaufnahme bewältigt werden konnten. Der Euro-Raum als Ganzes ist dabei von diesen Erschütterungen weniger betroffen als andere Währungsräume.

2.
Die vier Phasen der Weltwirtschaft und ihre Geschäftsmodelle

Zum Verständnis der globalen krisenhaften Entwicklungen der letzten fünf Jahre ist es notwendig, einen Blick in die Vergangenheit zu werfen. Wir wollen dazu die Wirtschaftsgeschichte der letzten sechzig Jahre im Schnelldurchgang Revue passieren lassen und sie dabei vereinfachend in vier große Phasen unterteilen:

Phase I umfasst die ersten Jahrzehnte der Nachkriegszeit. Dieser von größeren Wirtschaftskrisen weitgehend verschonte Zeitraum lässt sich am besten durch Ludwig Erhards Motto »Wohlstand für alle« charakterisieren.

Die sich daran anschließende *Phase II* erstreckt sich von den achtziger Jahren des letzten Jahrhunderts bis zum Ausbruch der Finanzkrise im Jahr 2007. Sie ist geprägt von einer zunehmenden Ungleichheit der Einkommensverhältnisse auf der einen Seite und einer wachsenden privaten Verschuldung auf der anderen Seite. Ihr Leitmotiv lautet »Finance for all«.

In der krisengeschüttelten *Phase III* der Jahre 2008 bis 2011 stößt die private Verschuldung an Grenzen. Der dadurch ausgelöste Nachfrageeinbruch konnte rasch gestoppt werden, weil die Finanzpolitik weltweit bereit gewesen ist, die Konjunktur durch hohe staatliche Defizite am Laufen zu halten.

Aktuell befinden wir uns in *Phase IV*, die sich dadurch kennzeichnen lässt, dass weder die privaten noch die öffentlichen Haushalte die Rolle der Konjunkturlokomotive übernehmen können; beide haben die Verschuldungsgrenze erreicht.

Phase I – »Wohlstand für alle«

Nach dem Ende des Zweiten Weltkriegs sahen die Länder des Westens einem lang anhaltenden Wirtschaftsaufschwung entgegen, der erst nach einem Vierteljahrhundert von der Weltrezession der Jahre 1974/75 kurz gestoppt wurde. Doch wie war es der Weltwirtschaft möglich, über so lange Zeit ein stabiles Wachstum zu realisieren, noch dazu bei niedrigen Staatsdefiziten und moderaten Inflationsraten, zumindest bis Anfang der siebziger Jahre? Neben den kriegsbedingten Aufbau- und Nachholeffekten dürfte dabei das Wachstumsmodell des **»Wohlstands für alle«** eine wichtige Rolle gespielt haben. Dieses Leitmotiv des langjährigen deutschen Wirtschaftsministers und späteren Bundeskanzlers Ludwig Erhard beschreibt eine ebenso einfache wie fundamentale Formel für nachhaltiges Wirtschaftswachstum. Ganz allgemein kann Wirtschaftswachstum durch einen Mehreinsatz von Arbeit entstehen, indem mehr Menschen arbeiten und/oder die Arbeitszeit verlängert wird. Das Bruttoinlandsprodukt kann sich aber auch dadurch erhöhen, dass bei gleicher Arbeitszeit produktiver gearbeitet wird. In diesem Fall sind bei gleichem Arbeitsinput mehr Güter verfügbar. Damit ein solcher Wachstumsprozess stetig voranschreiten kann, ist es erforderlich, dass die von den Unternehmen zusätzlich produzierten Güter auch Abnehmer finden. Das setzt wiederum voraus, dass die Reallöhne der Arbeitnehmer im Gleichklang mit dem Produktivitätsfortschritt wachsen. Die durch die höhere Arbeitsproduktivität ermöglichte zusätzliche Wertschöpfung wird dann gerecht auf die Arbeitnehmer und die Unternehmer verteilt. Der Sachverständigenrat hat diesen grundlegenden Zusammenhang in seinem ersten Jahresgutachten aus dem Jahr 1964 in eine Lohnformel gefasst, die eine **Kostenniveau-neutrale Lohnpolitik** gewährleisten sollte.

Die friktionsfreie Wirtschaftsentwicklung der Nachkriegszeit ist tatsächlich neben einem vergleichsweise stark ausgeprägten Wohlfahrtsstaat wesentlich darauf zurückzuführen, dass die Reallöhne in allen wichtigen Ländern des Westens im Einklang mit dem Produktivitätsfortschritt gestiegen sind. Vor allem für die Vereinigten Staaten lässt sich zeigen, dass diese Phase insgesamt zu einer weniger ungleichen Einkommensverteilung geführt hat. Ein wichtiger Indikator hierfür ist der Anteil, den das am besten verdienende eine Prozent der Bevölkerung am Volkseinkommen hält (Schaubild 1). Im Jahr 1928, kurz vor der Großen Depression, hatte dieser Indikator einen Höchststand von 19,6 Prozent erreicht. Auf das reichste eine Prozent der Amerikaner entfiel also ein Fünftel des Volkseinkommens. In den Nachkriegsjahren ging dieser Anteil stetig zurück und erreichte 1973 mit 7,8 Prozent sein Minimum. Das durch Wirtschaftswachstum geschaffene Mehr an Wohlstand kam also immer stärker in der Breite der Bevölkerung an. Und so waren die Nachkriegsjahre – wie bei Tony Judt (2010)[2] nachzulesen ist – in den Vereinigten Staaten die Zeit, in der der »American way of life« geboren wurde, in Großbritannien das »age of affluence«, in Frankreich »Les Trentes Glorieuses« und in Deutschland natürlich die Phase des Wirtschaftswunders.

Schaubild 1: Einkommensverteilung und -entwicklung in den Vereinigten Staaten

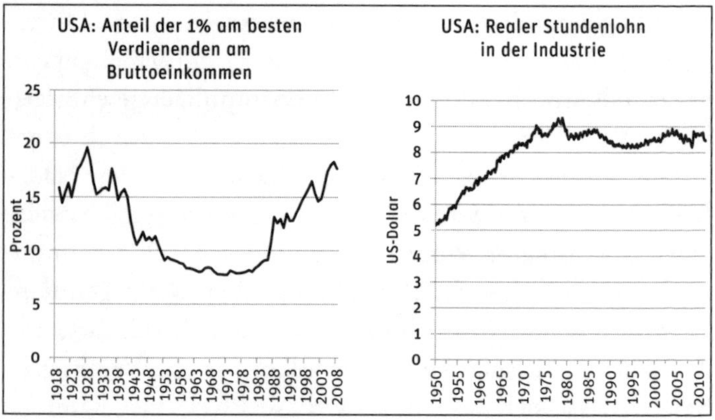

Quellen: The World Top Incomes Database joint with Facundo Alvaredo, Tony Atkinson, and Thomas Piketty, January 2011, http://elsa.berkeley.edu/~saez/ (links); Bureau of Labor Statistics. In Preisen der Jahre 1982/84 (rechts)

Phase II – »Finance for all« oder Wachstum durch zunehmende private Verschuldung

Ende der siebziger Jahre fand ein grundlegender Paradigmenwechsel in der Wirtschaftspolitik statt. Während die Phase des »Wohlstands für alle« durch einen relativ starken Staat und mächtige Gewerkschaften geprägt war, fanden nun immer häufiger marktliberale Ökonomen Gehör bei den Politikern. Der Staat, dem über Jahrzehnte hinweg eine wichtige Rolle bei der Stabilisierung und Förderung der gesellschaftlichen Wohlfahrt beigemessen worden war, galt plötzlich als Störfaktor. Er war nicht länger eine Instanz für die Lösung von Problemen, er war das Problem.

Bei dieser »intellektuellen Revolution« (Judt 2010) war Milton Friedman besonders erfolgreich. Er ermutigte die britische Premierministerin Margaret Thatcher und den US-Präsidenten Ronald Reagan zu einer Politik der Deregulierung, die direkt oder indirekt auch die Macht der Gewerkschaften erheblich reduzierte. In Deutschland kam es 1982 zur »Wende« von einer sozialliberalen Koalition unter Helmut Schmidt zu einer schwarz-gelben Koalition unter Helmut Kohl. Die wirklich radikalen Reformen wurden bei uns jedoch erst sehr viel später von der rot-grünen Koalition unter Gerhard Schröder im Rahmen der Agenda 2010 vollzogen.

Im Ergebnis führte dieser Paradigmenwechsel weltweit zu einer **wachsenden Ungleichheit.** In den Vereinigten Staaten stiegen die Reallöhne in der Industrie seit Ende der siebziger Jahre nicht mehr an. Der bereits erwähnte Ein-Prozent-Indikator der Reichsten erreichte 2007 mit 18,3 Prozent am Volkseinkommen fast wieder den Höchstwert des Jahres 1928. In Deutschland setzte diese Entwicklung verzögert, aber nicht minder deutlich im vergangenen Jahrzehnt ein. Der Nettoreallohn pro Stunde war 2011 nicht höher als im Jahr 2001. Besonders deutlich fiel die Zunahme der Ungleichheit in China aus. Dort stiegen die Löhne zwar real an, aber die Zunahme blieb deutlich hinter dem Produktivitätsfortschritt zurück.

Wie aber kann eine Wirtschaft wachsen, wenn die Einkommen der Bevölkerung nicht mehr mit dem Anstieg der Arbeitsproduktivität Schritt halten? Die damit einhergehende Umverteilung von Arbeitnehmern zu Unternehmern und Kapitaleigentümern bringt es mit sich, dass die im Produktionsprozess entstehenden Einkommen vermehrt bei Haushalten mit hohem Einkommen landen, die über eine sehr viel höhere Sparquote verfügen als Haushalte mit niedrigem Einkommen. Dies zeigt sich sehr deutlich für das vergangene Jahrzehnt in Deutschland. Die Lohnzurückhaltung führte von 2000 bis 2007 zu einem dramatischen Rückgang des Anteils der Arbeitnehmerentgelte am

Volkseinkommen (Schaubild 2). Die dadurch stark angestiegenen Unternehmens- und Vermögenseinkommen wurden nicht in Maschinen oder Gebäude investiert, sondern auf den Finanzmärkten angelegt, was an einem eindrucksvollen Anstieg der Geldsparquote (definiert als die Relation des gesamtwirtschaftlichen Finanzierungssaldos zum verfügbaren Einkommen) abzulesen ist.

Für sich genommen bremst die Umverteilung also das Wirtschaftswachstum. Schon Henry Ford hatte schließlich erkannt, **dass Autos keine Autos kaufen.** Die Tendenz einer zunehmenden Geldsparquote war nicht nur in Deutschland besonders ausgeprägt, sondern auch in China. Dort hat die Umverteilung im letzten Jahrzehnt ebenfalls zu einem starken Anstieg des Leistungsbilanzsaldos geführt, der als Saldo der laufenden Einnahmen und Ausgaben aller Wirtschaftsteilnehmer ja nichts anderes abbildet als die gesamtwirtschaftliche Geldersparnis.

Schaubild 2: Deutschland – Lohnzurückhaltung führt zu steigender Geldersparnis

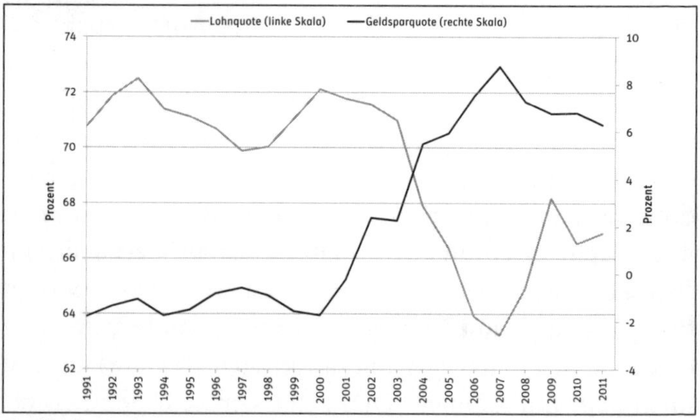

Quelle: Destatis

Die Lohnquote ist errechnet als Anteil der Arbeitnehmerentgelte am Volkseinkommen. Die Geldsparquote ist der gesamtwirtschaftliche Finanzierungssaldo in Relation zum verfügbaren Einkommen.

Doch anders, als aus diesen Überlegungen heraus zu erwarten gewesen wäre, wies die Weltwirtschaft in den achtziger und neunziger Jahren weiterhin ein hohes Wachstumstempo auf, das sich bis zum Ausbruch der Finanzkrise im Jahr 2007 sogar noch verstärkte. Diese Entwicklung ist darauf zurückzuführen, dass sich die Deregulierung nicht nur auf den Arbeitsmarkt, sondern zu einem wesentlichen Teil auch auf die Finanzmärkte erstreckte. Zusammen mit den vor allem zwischen 2002 und 2006 extrem niedrigen Notenbank-Zinsen konnte so in Ländern mit einem traditionell hohen Eigentumsanteil bei Häusern und Wohnungen (Spanien, Island, Irland, Vereinigte Staaten) ein gewaltiger Immobilienboom ausgelöst werden. Dieser wirkte sich auch positiv auf die Nachfrage nach Konsumgütern aus. Wenn das eigene Haus mehr wert ist, fühlt man sich reicher, muss weniger für die Altersvorsorge sparen – und verfügt damit auch über bessere Sicherheiten, um Konsumentenkredite aufzunehmen.

Damit konnten die dämpfenden Effekte, die von der Umverteilung auf die globale Nachfrage ausgingen, über Jahre hinweg mehr als kompensiert werden. Ein Indikator, der diese Entwicklung gut abbildet, ist der Finanzierungssaldo des privaten Sektors einer Volkswirtschaft. Er lässt sich einfach ermitteln, indem man die Differenz aus dem Leistungsbilanzsaldo (der den Finanzierungssaldo der gesamten Volkswirtschaft abbildet) und dem Budgetsaldo eines Staates errechnet. Für 2007, das letzte Jahr vor der Krise, erkennt man dabei eine deutliche **Spaltung der Weltwirtschaft** in zwei Teile: Auf der einen Seite stehen Länder mit einem privaten Finanzierungsdefizit, auf der anderen Seite solche mit einem Finanzierungsüberschuss des Privatsektors (Schaubild 3). Bei dieser damals von vielen Ökonomen mit dem Ausdruck der »globalen Ungleichgewichte« belegten Konstellation wurde das, was in

Überschussländern wie China und Deutschland von den Privaten zu wenig ausgegeben wurde, dadurch ausgeglichen, dass in den Defizitländern wie den Vereinigten Staaten, Spanien, Island oder Irland viel zu viel auf Pump konsumiert und in Immobilien investiert wurde.

Schaubild 3: Finanzierungssalden des privaten Sektors vor und nach der Krise (in Prozent des Bruttoinlandsprodukts)

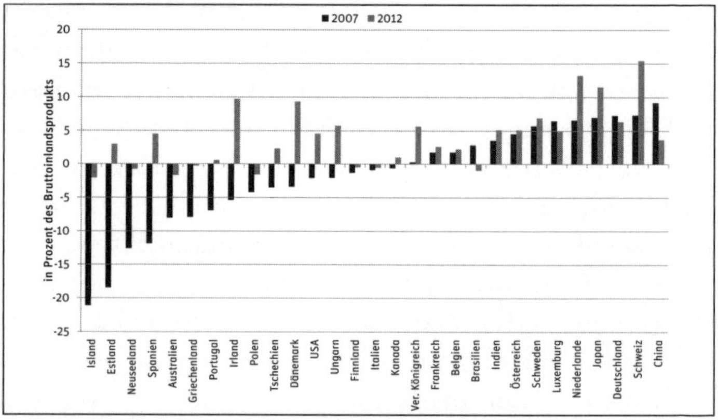

Quelle: OECD, Economic Outlook No. 91, Annex Tables
Der private Finanzierungssaldo wird errechnet als Differenz zwischen dem Leistungsbilanzsaldo (in Prozent des Bruttoinlandsprodukts) und dem Budgetsaldo (in Prozent des Bruttoinlandsprodukts).

In diesen privaten Verschuldungsexzessen spielte das globale Finanzsystem eine zentrale Rolle. Es sorgte dafür, dass die Geldersparnisse, die in den Überschussländern von reichen Haushalten oder Unternehmen gebildet wurden, in den Defizitländern angelegt werden konnten. Dabei war häufig etwas Alchimie erforderlich, da Investoren in Deutschland kaum bereit gewesen wären, drittklassige US-Immobilien-Hypotheken zu finanzieren. Bei der Überwindung dieser »Hürde« erwiesen sich die **Rating-Agenturen** als willfährige Helfer. Sie boten – natürlich gegen Gebühren – nicht nur die Rezepte an, mit denen man aus sogenannten Sub-Prime-Papieren ganz einfach scheinbar sichere Investments mixen konnte. Sie waren – natürlich für weitere Gebühren – dann auch gerne noch bereit, diesen Kreationen das Gütesiegel »AAA« zu verleihen.

Und so konnte die Weltwirtschaft trotz der bremsenden Effekte einer steigenden Umverteilung zugunsten weniger konsumfreudiger Haushalte bis zum Jahr 2007 auf hohen Touren weiterlaufen. An die Stelle einer durch Reallohnsteigerungen getriebenen Nachfrage nach Konsumgütern trat eine durch niedrige Notenbank-Zinsen und immer laschere Kreditkonditionen genährte Nachfrage nach Immobilien. Das für die Nachkriegszeit charakteristische Modell des »Wohlstands für alle« wurde in der Folgezeit substituiert durch ein Modell, das man mit dem Schlagwort **Finance for all**[3] bezeichnen könnte. Keiner war arm und unseriös genug, um nicht doch noch in den Genuss eines Hypotheken-Kredits zu kommen.

Phase III – Stark steigende staatliche Verschuldung

Mit dem Zusammenbruch der Düsseldorfer IKB-Bank am 27. Juli 2007 fand dieses Wachstumsmodell ein jähes Ende. Die Weltwirtschaft konnte sich danach noch ein gutes Jahr auf den Beinen halten, dann löste die Pleite von Lehman Brothers am 15. September 2008 die größte globale Wirtschaftskrise der Nachkriegszeit aus. Was war geschehen?

Den privaten Haushalten und Unternehmen, die mit ihrer Verschuldung die Weltwirtschaft am Laufen gehalten hatten, war ganz einfach die Luft ausgegangen. Der Immobilienboom hatte so extreme Ausmaße angenommen, dass für die Banken wie ihre Regulatoren beim besten Willen nicht mehr zu übersehen war, dass die Blase platzen würde. Die Erwartung immer weiter steigender Immobilienpreise wurde bitter enttäuscht, große Teile der in den Jahren zuvor vergebenen Immobilienkredite waren damit praktisch wertlos geworden.

Angesichts der rapiden Implosion der Weltwirtschaft machte sich im Herbst 2008 zu Recht die Sorge breit, dass es zu einem ähnlich tiefen Einbruch wie in der Phase der Großen Depression von 1929 bis 1932 kommen könnte. Damals war es in den Vereinigten Staaten zu einem Absturz der Wirtschaftstätigkeit um 27 Prozent und einem Anstieg der Arbeitslosigkeit auf 24,9 Prozent (im Jahr 1933) gekommen. In Deutschland war der Rückgang des Bruttoinlandsprodukts mit 16 Prozent (von 1929 bis 1932) etwas schwächer ausgeprägt gewesen, aber der Anstieg der Arbeitslosenzahlen auf über 5,5 Millionen Menschen hatte verheerende politische Konsequenzen.

Doch die Politik hatte ihre Lektion aus den Erschütterungen der dreißiger Jahre gelernt. Der amerikanische Notenbank-Präsident Ben Bernanke, der sich in seiner wissenschaftlichen Karriere intensiv mit der Großen Depression auseinandergesetzt hatte, reagierte prompt, indem er die Notenbank-Zinsen kräftig reduzierte. Die Europäische Zentralbank brauchte etwas länger, aber drei Wochen nach Lehman merkte sie schließlich, was die Stunde geschlagen hatte. Auch die Regierungen erkannten weltweit, dass die Situation im Herbst und Winter 2008 nur durch ein massives staatliches **»Deficit-spending«** im Sinne der keynesianischen Theorie zu stabilisieren war. Der Staat nimmt Kredite auf, um mittels staatlicher Aufträge und Steuererleichterungen die Wirtschaft im Land wieder anzukurbeln. Gelingt der Aufschwung, kann das Defizit durch die erzielten Überschüsse wieder abgebaut werden – so zumindest die Theorie dieser antizyklischen Finanzpolitik.

Die Weltwirtschaft reagierte zunächst geradezu lehrbuchhaft. Schon Mitte des Jahres 2009 war zu erkennen, dass die Wende nach oben geglückt war, und im Jahr 2010 wurden weltweit wieder positive Wachstumsraten verzeichnet. Bei der Freude über die rasche Stabilisierung der Weltwirtschaft wurde jedoch weithin übersehen, dass die wiedererlangte Dynamik in erster Linie einer ungewöhnlich hohen Verschuldungsbereitschaft der öffentlichen Haushalte zu verdanken war. Weltweit wiesen Staaten nun einen negativen Finanzierungssaldo auf, nachdem es 2007 noch zahlreiche Länder mit einem Finanzierungsüberschuss gegeben hatte.

Schaubild 4: Finanzierungssalden der Staaten vor und nach der Krise (in Prozent des Bruttoinlandsprodukts)

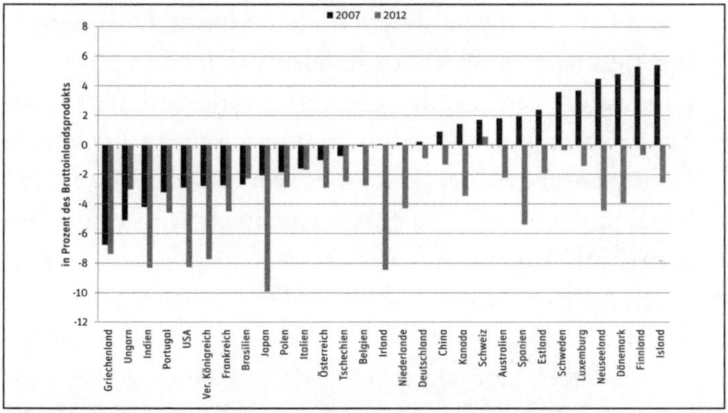

Quelle: OECD, Economic Outlook No. 91, Annex Tables

Im Durchschnitt der OECD-Länder wiesen die Staaten im Jahr 2010 ein Defizit von 7,5 Prozent auf, das kaum geringer war als im Krisenjahr 2009 (8,1 Prozent). Mit einem weiterhin ausgesprochen hohen Defizit von 5,3 Prozent ist es der Weltwirtschaft auch 2012 noch nicht gelungen, wieder auf eigenen Beinen zu stehen. Diese anhaltende Abhängigkeit von staatlicher Verschuldung passt nun nicht gerade zur antizyklischen Wirtschaftspolitik aus dem Lehrbuch. Danach wird das Wirtschaftssystem von einem temporären Nachfrage-Schock getroffen, den der Staat mit Konjunkturprogrammen zumindest teilweise kompensieren kann. Der von zahlreichen Fehlentwicklungen in der Phase bis 2007 ausgelöste Schock des Folgejahres erwies sich hingegen alles andere als temporär.

- In Ländern, die wie Spanien, Irland oder die Vereinigten Staaten einen gigantischen Immobilienboom erlebt hatten, war es nach dem Platzen der Blase nicht ohne weiteres möglich, die Menschen, die sich auf den aufgeblähten Immobilien- und Finanzsektor spezialisiert hatten, von heute auf morgen in anderen Wirtschaftsbereichen zu beschäftigen. Die **Arbeitslosigkeit** blieb somit hartnäckig auf einem hohen Niveau. Die ungünstige Beschäftigungssituation wirkte sich nicht nur nachteilig auf die Verschuldungs- und Investitionsbereitschaft der privaten Haushalte aus, sondern setzte zugleich die Löhne unter Druck. So kam es von 2009 bis 2011 in den Vereinigten Staaten zu einem Rückgang des realen Median-Einkommens um 5 Prozent.
- Auch die Erholung des **Immobilienmarktes** ließ bisher auf sich warten. In Anbetracht des in den Boomjahren geschaffenen Überangebots verfielen die Preise bis weit in das Jahr 2012 hinein, so dass sich die privaten Haushalte einem fortgesetzten Vermögensverlust ausgesetzt sahen. In den USA führte das dazu, dass das Median-Nettovermögen der privaten Haushalte preisbereinigt von 2007 auf 2010 um 39 Prozent einbrach und damit auf dem Niveau des Jahres 1992 liegt.
- Mehr als temporär waren auch die Beschädigungen des **Bankensystems,** das ebenfalls unter dem Verfall der Immobilienpreise litt und sich gleichzeitig höheren Ei-

genkapitalforderungen gegenübersah. Die Bereitschaft, neue Kredite zu vergeben, blieb so – trotz niedriger Notenbank-Zinsen und einer mehr als reichlichen Liquiditätsversorgung – äußerst gering.

Während die Staaten versuchten, die Wirtschaft auf Pump anzukurbeln, mangelte es den privaten Haushalten sowohl an der Bereitschaft als auch an der Fähigkeit, die Weltkonjunktur wieder über eine höhere Verschuldung zu stimulieren. In Anbetracht der allgemeinen wirtschaftlichen Unsicherheit blieb die Geldersparnis in den Ländern, in denen es zu einer Umverteilung zugunsten reicher Haushalte gekommen war, auf einem weiterhin sehr hohen Niveau. Anders als in Phase II war der Zeitraum 2008 bis 2011 somit auch dadurch gekennzeichnet, dass der Privatsektor kollektiv nach Kräften bemüht war, Geld zu sparen, indem er seine Ausgaben reduzierte. Hätten sich die Staaten nicht bereitgefunden, die vakante Verschuldungsposition einzunehmen, hätte das Sparen der Privaten schon sehr viel früher zu einer erneuten Abschwächung der Weltkonjunktur geführt.

China bildete eine wichtige Ausnahme zum Wachstumsmuster der Phase III. Hier setzte die Politik in den Jahren 2009 bis 2011 auf eine enorme Ausweitung der privaten Verschuldung, die – wie bei allen anderen Ländern in Phase II – vorrangig für Investitionen im Immobiliensektor genutzt wurde. So hatte die Zuwachsrate des Kreditvolumens 2009 einen Wert von über 30 Prozent im Vorjahresvergleich erreicht. Die dadurch deutlich reduzierte private Geldersparnis spiegelte sich in einer Halbierung des chinesischen Leistungsbilanzsaldos von 412 Milliarden US-Dollar im Jahr 2009 auf 191 Milliarden im Jahr 2012. Bisher sieht es so aus, als würde es der chinesischen Regierung gelingen, die Luft aus der Immobilienblase so abzulassen, dass ein Platzen vermieden werden kann. Aber es besteht kein Zweifel, dass die mit dem Immobilienboom einhergehenden großen Profite der Vergangenheit angehören und dass das Wachstumsmodell des »Finance for all« auch in China seine Grenzen erreicht hat.

Phase IV – Säkulare Stagnation oder »Zurück zu Erhard«?

Wenn heute also sehr viele Staaten nach wie vor sehr hohe Budgetdefizite aufweisen, ist das nicht der oft behaupteten »Tatsache« geschuldet, dass Politiker einfach nicht mit Geld umgehen können. Es zeigt sich darin vielmehr, welche chronischen Schäden durch die zunehmende Ungleichheit und das dazu notwendige Wachstumsmodell einer von privater Verschuldung getriebenen Weltwirtschaft entstanden sind.[4] Und es wird deutlich, wie problematisch es ist, wenn sich jetzt auch die Staaten von ihrer Funktion als Konjunkturlokomotive verabschieden.

Besonders deutlich sieht man das im Euro-Raum. Hier waren die Haushaltsdefizite nie so hoch wie in den Vereinigten Staaten, und die Politik hat den »Exit« aus der Staatsfinanzierung schon vergleichsweise früh eingeleitet. Dementsprechend unterschiedlich verläuft die Wirtschaftsentwicklung in den beiden Währungsräumen. Während der Euro-Raum in die Rezession abgerutscht ist und die Arbeitslosenrate mit 11,2 Prozent den höchsten Wert seit Beginn der Datenreihe im Jahr 1995 aufweist, wächst die US-Wirtschaft mit einer Rate von rund 2 Prozent. Zugleich bewegt sich dort die Arbeitslosigkeit, wenn auch langsam, wieder nach unten.

Aber auch in den Vereinigten Staaten stößt die öffentliche Verschuldung an Grenzen. Ohne eine neue Einigung im US-Kongress wird es zu Beginn des Jahres 2013 zu automatischen Ausgabenkürzungen kommen sowie zu einer Abschaffung von Steuererleichterungen, die noch aus der Bush-Ära stammen. Allein im Jahr 2013 würde diese sogenannte fiskalische Klippe (»fiscal cliff«) zu einer Defizitreduktion um 3,5 Prozentpunkte führen und könnte in den Vereinigten Staaten eine Rezession auslösen.

All das verdeutlicht, dass die Weltwirtschaft ohne eine gerechtere Einkommensverteilung auf Dauer nicht friktionsfrei wachsen kann. Der Kaufkraftverlust, der daraus resultiert, dass große Teile der im Produktionsprozess erzielten Einkommen bei reichen Haushalten landen, die einen erheblichen Teil davon nicht investieren, sondern als Geldanlage halten, kann nicht länger durch private oder öffentliche Verschuldung kompensiert werden. Wenn der Weltwirtschaft eine lange und schmerzliche Phase der Stagnation erspart bleiben soll, muss man zurück zu Ludwig Erhards Rezept des Wohlstands für alle. Aber wie realistisch ist das?

Immerhin befassen sich jetzt selbst Ökonomen des Internationalen Währungsfonds mit den makroökonomischen Auswirkungen der Einkommensverteilung. Erste Studien kommen dabei zu dem Ergebnis, dass eine gerechtere Einkommensverteilung und ein nachhaltiges Wirtschaftswachstum keinesfalls im Widerspruch zueinander stehen, sondern sich vielmehr wechselseitig ergänzen.[5] In der Wirtschaftspolitik der meisten Länder indes ist von dieser Einsicht nichts zu spüren. Im Gegenteil: Die den Problemländern des Euro-Raums verschriebenen Strukturreformen zielen darauf ab, die Verhandlungsposition der Arbeitnehmer durch eine Aufweichung des Kündigungsschutzes und die Absenkung von Mindestlöhnen noch weiter zu schwächen.

Der einzige Lichtblick ist China. Nachdem dort der Anteil des privaten Verbrauchs am Bruttoinlandsprodukt von 50 in den neunziger Jahren auf nur noch 35 Prozent im Jahr 2009 gesunken ist, macht sich nun zunehmend die Erkenntnis breit, dass das Land nur dann eine Zukunft haben wird, wenn es gelingt, auf ein stärker vom Inlandskonsum getriebenes Wachstum umzustellen. So kündigte Ministerpräsident Wen Jiabao auf dem Volkskongress am 5. März 2012 an, die Kluft zwischen Arm und Reich zu reduzieren, untere und mittlere Einkommensgruppen zu stärken und damit den Binnenkonsum zu fördern.

Schaubild 5: China: Privater Verbrauch und Staatsverbrauch (in Prozent des Bruttoinlandsprodukts)

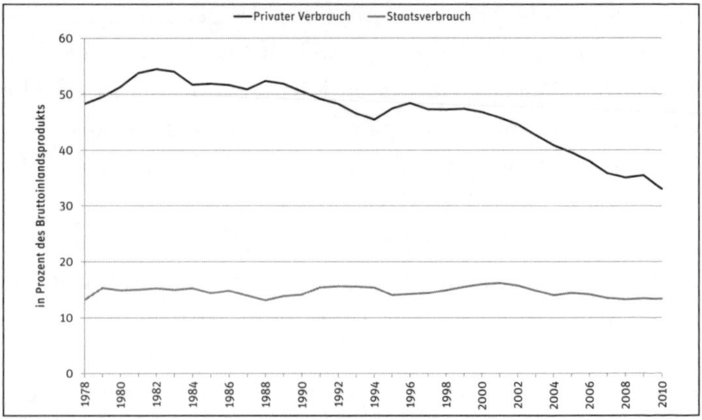

Quelle: National Bureau of Statistics China, http://www.stats.gov.cn/tjsj/ndsj/2011/indexeh.htm

Was Jiabao erkannt hat, sollte auch den Politikern in andern Teilen der Welt zu denken geben. Ohne eine gerechtere Einkommensverteilung steht der Weltwirtschaft der Weg durch ein langes, dunkles Tal bevor. Die jetzt zu beobachtende weltweite Eintrübung der Konjunkturperspektiven gibt hiervon schon einen ersten Eindruck.

3.
Die Euro-Krise ist kein Sonderfall

Der kurze Abriss macht vor allem eines deutlich: Die fundamentalen Probleme des Euro-Raums unterscheiden sich im Kern nicht wesentlich von denen der Vereinigten Staaten. Nach einer Periode exzessiver privater Verschuldung konnte das System nur mit einer hohen öffentlichen Kreditaufnahme stabilisiert werden. Der teils von den Märkten, teils von der Politik erzwungene Versuch der Mitgliedsstaaten des Euro-Raums, ihre Defizite drastisch zu reduzieren, musste in die Rezession führen, da die Privatsektoren noch zu schwach waren, um ihrerseits wieder als Konjunkturlokomotive zu agieren. Allerdings hat der spezifische institutionelle Rahmen der Währungsunion dazu geführt, dass dieselbe Krankheit gleich mehrere Organe einzelner Volkswirtschaften der Union befallen hat. In dieser dramatischen Situation sind die Möglichkeiten der behandelnden Ärzte im Euro-Raum zudem weitaus eingeschränkter als in den Vereinigten Staaten. Die Gründe dafür werden in den nächsten Kapiteln im Einzelnen diskutiert.

In diesem globalen Bild erscheint Deutschland bisher als eine erfreuliche Ausnahme. Abgesehen vom Jahr 2009 ist es unserer Volkswirtschaft gelungen, ohne eine größere private und öffentliche Verschuldung durch die Krise zu kommen. Diese erfreuliche Entwicklung dürfte teilweise darauf zurückzuführen sein, dass Deutschland mittlerweile eine sehr offene Volkswirtschaft geworden ist. Die Relation der Exporte zum Bruttoinlandsprodukt ist mit

51 Prozent heute mehr als doppelt so hoch wie zu Beginn der neunziger Jahre. Dabei konnte Deutschland mit seiner Produktpalette in besonderer Weise vom durch private Verschuldung getriebenen Boom in China und der durch hohe Staatsdefizite geförderten stabilen Konjunkturentwicklung in den Vereinigten Staaten profitieren. Die anhaltend hohen Leistungsbilanzüberschüsse der deutschen Wirtschaft gegenüber dem Euro-Raum zeigen, dass unsere Wirtschaftsdynamik nach wie vor nicht zuletzt von der bei uns so kritisch beurteilten Verschuldungsbereitschaft anderer Länder gestützt wird.

Und natürlich hat Deutschland auch in besonderer Weise von der Euro-Krise profitiert. Seit Ende 2009 hat der Euro rund 15 Prozent gegenüber dem US-Dollar und rund 25 Prozent gegenüber dem Yen und dem Renminbi an Wert verloren. Dies hat die ohnehin sehr gute Wettbewerbsfähigkeit der deutschen Industrie auf den besonders dynamischen Schwellenmärkten noch einmal zusätzlich verbessert. Gleichzeitig profitierten der Staat wie auch die Unternehmen von ungewöhnlich günstigen Zinsen. Und die ebenfalls krisenbedingte Angst vor der Inflation hat – zusammen mit der geringen Rendite fest verzinslicher Anleihen – der Bauwirtschaft kräftige Impulse verliehen.

Allerdings zeigt sich seit einigen Monaten immer mehr, dass auch die deutsche Wirtschaft gegenüber den ungünstigen Entwicklungen des Euro-Raums und den davon auf die Weltwirtschaft ausgehenden dämpfenden Effekten nicht immun ist. Insbesondere wurde die Hoffnung mancher Ökonomen enttäuscht, dass die deutsche Binnennachfrage eine Lokomotivfunktion für Europa wahrnehmen könnte.

II.
Die chronischen Fehlentwicklungen der Jahre 1999 bis 2009

Wenn man nach den Ursachen der Euro-Krise sucht, bietet es sich an, zunächst einmal mit den längerfristigen Fehlentwicklungen zu beginnen, die sich in den Jahren 1999 bis 2009 aufgebaut haben. Die sich daran anschließende Krisenphase, die im Frühjahr 2010 durch die Finanzierungsprobleme Griechenlands ausgelöst wurde, soll im folgenden Kapitel beschrieben werden.

In der deutschen Diskussion wird die Hauptursache der heutigen Probleme schlichtweg in der Tatsache gesehen, dass die Währungsunion von Anfang an eine Fehlkonstruktion gewesen sei. Wie hatte man nur eine gemeinsame Währung für eine Gruppe von Ländern etablieren können, die so große Unterschiede in ihrer wirtschaftlichen Leistungsfähigkeit aufweisen? Zur Diagnose »Fehlkonstruktion« gehört auch das Argument, der Euro habe seine Krise selbst verursacht, weil er eine Zinskonvergenz eingeleitet habe, durch die zu viel billiges Kapital in die früheren Hochzinsländer gelenkt worden sei.[1] Als weitere wichtige Krisenursache wird die mangelnde Fiskaldisziplin gesehen, die von verantwortungslosen Politikern verfolgt wurde, die sich einfach nicht an die Regeln des Vertrags von Maastricht gehalten haben.

Wenn man das Ganze so sieht, wäre es eigentlich naheliegend, den sofortigen Austritt Deutschlands aus der Währungsunion zu fordern. Warum sollte man an einer Fehlkonstruktion festhalten und in einer Gemeinschaft bleiben, von der man behauptet, sie sei durch »eine Geschichte fortwährender Verletzungen von Verträgen und selbstgesetzten Regeln«[2] geprägt.

Es gibt aber auch eine **andere Geschichte der Währungsunion.** Sie bestreitet nicht, dass es vor allem in Griechenland an Fiskaldisziplin gefehlt hat, aber das erklärt nur einen vergleichsweise kleinen Teil der heutigen Probleme.

Sie sieht in der Niedrigzinsphase der Jahre 2001 bis 2006 nicht ein spezifisches Problem des Euro, sondern ein globales Phänomen, das – zusammen mit der damaligen Gier und Blindheit der Finanzmarktakteure – weltweit zu gravierenden Fehlentwicklungen geführt hat. Die weltweite Tendenz zu mehr Einkommensungleichheit hat sich im Euro-Raum vor allem in Deutschland manifestiert, das trotz einer hohen Wettbewerbsfähigkeit über Jahre hinweg eine Niedriglohnpolitik verfolgt hat. In dieser Geschichte wird nicht bestritten, dass die Währungsunion Konstruktionsfehler hat, aber es wurden auch massive Bedienungsfehler gemacht. Beide lassen sich beheben, wenn die Politik den Mut findet, die fiskalische und politische Integration voranzutreiben. In der im Folgenden präsentierten Geschichte wird nicht zuletzt der Europäischen Zentralbank ein erhebliches Verschulden zugesprochen. Sie ist wie keine andere Institution für die Stabilität der Währungsunion verantwortlich, aber sie hat weder vor den Exzessen im Finanzsektor noch vor den Fehlentwicklungen bei der preislichen Wettbewerbsfähigkeit rechtzeitig und deutlich vernehmbar gewarnt.

Griechenland – »Florida-Rolf« der Währungsunion?

Natürlich ist die Diagnose **Staatsversagen** nicht grundsätzlich falsch. Sie trifft uneingeschränkt auf Griechenland zu, dem es bis zum Jahr 2007 trotz eines weit überdurchschnittlichen Wirtschaftswachstums nicht gelungen ist, sein Budgetdefizit unter die 3-Prozent-Marke zu drücken. Das Problem waren dabei nicht in erster Linie die Ausgaben des griechischen Staates. In Relation zur Wirtschaftsleistung lagen sie in den Jahren 2000 bis 2007 mit 45,8 Prozent sogar etwas unter dem Durchschnitt des

Euro-Raums (48 Prozent). Das hohe Defizit resultierte vor allem aus zu geringen Staatseinnahmen. In Relation zur Wirtschaftsleistung erreichten sie einen Wert von 40,2 Prozent, was erheblich weniger war als der Durchschnitt des Euro-Raums (45,1 Prozent). Die vergleichsweise geringen Staatseinnahmen sind in erster Linie darauf zurückzuführen, dass das Steueraufkommen aus Unternehmensgewinnen und Einkommen in Griechenland geringer war als in fast allen anderen OECD-Ländern.

Bei aller berechtigten Kritik an Griechenland ist es jedoch übertrieben, wenn – wie das häufig geschieht – behauptet wird, der griechische Staat sei überhaupt nicht in der Lage, Steuereinnahmen zu generieren. In der Phase 2000 bis 2007 war die Relation der Staatseinnahmen zur Wirtschaftsleistung unter anderem in Japan (31,8 Prozent), den Vereinigten Staaten (33,2 Prozent), der Schweiz (34,6 Prozent) und Irland (35,1 Prozent) wesentlich geringer als in Griechenland.

Schaubild 6: Staatseinnahmen im Jahr 2007 (in Prozent des Bruttoinlandsprodukts)

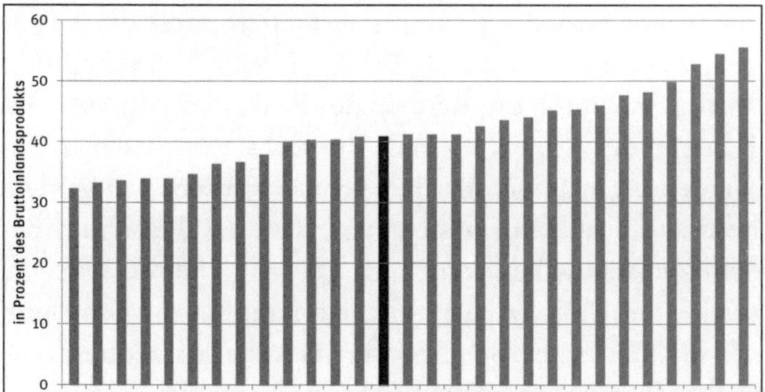

Quelle: OECD, Economic Outlook No. 91, Annex Tables

Der Fall Griechenlands verdeutlicht jedoch sehr gut die Schwächen des damaligen **Stabilitäts- und Wachstumspakts.** Gegen das Land wurde 2004 erstmals ein exzessives Defizitverfahren eröffnet. Nach mehreren Ermahnungen durch den Rat der Wirtschafts- und Finanzminister wurde es im Juni 2007 eingestellt. Die Entscheidung wurde damit begründet, dass es Griechenland im vorangegangenen Jahr gelungen sei, sein Defizit auf 2,6 Prozent zu reduzieren. Für 2007 sei sogar nur ein Fehlbetrag von 2,4 Prozent zu erwarten. In den Tabellen, die diesem Beschluss beigefügt waren, konnte man jedoch deutlich sehen, dass die griechischen Defizit-Zahlen in der Vergangenheit ständig nach oben korrigiert werden mussten. So hätte man also durchaus prognostizieren können, dass es bei den erwarteten 2,6 Prozent nicht bleiben würde. Tatsächlich wies Griechenland 2006 ein Defizit von 6 Prozent auf, aus den 2,4 Prozent des Jahres 2007 wurden am Ende 6,8.

Neben einer unzuverlässigen Datenbasis litt der Stabilitäts- und Wachstumspakt auch darunter, dass selbst jahreslanges Fehlverhalten völlig folgenlos blieb, wenn es einem Land wieder gelang, sein Defizit unter die 3-Prozent-Marke zu führen. Dieser gravierende Schwachpunkt wurde erst durch die Reform des Paktes im Jahr 2011 (im Rahmen des »Sixpacks«, wie die sechs europäischen Gesetzgebungsmaßnahmen bezeichnet werden) weitgehend beseitigt. Die Reform sieht vor, dass das Kriterium des Schuldenstands bei exzessiven Defizitverfahren sehr viel stärker beachtet werden soll. Konkret ist ein Land nun verpflichtet, seine Schuldenstandsquote konsequent zurückzuführen; die Differenz zwischen der Schuldenstandsquote und dem 60-Prozent-Schwellenwert des Vertrages von Maastricht soll jährlich um ein Zwanzigstel reduziert werden. Für Griechenland hätte das bedeutet, dass die trotz guter Konjunktur kaum rückläufige Schuldenstandsquote eine Einstellung des exzessiven Defizitverfahrens unmöglich gemacht hätte.

Im Zusammenhang mit der Diagnose »Staatsversagen« wird immer wieder auch **Deutschland** kritisiert, das in den Jahren 2002 und 2003 wegen eines zu hohen Defizits von der EU-Kommission auf die Anklagebank gezogen wurde. Schritte, die zu Sanktionen hätten führen können, unterblieben damals, weil sich die Wirtschafts- und Finanzminister nicht dazu durchringen konnten, einen entsprechenden Vorschlag der Kommission zu unterstützen.[3] Angesichts der damaligen Verfassung der deutschen Volkswirtschaft, die durch eine vom ersten Quartal 2001 bis zum ersten Quartal 2005 anhaltende wirtschaftliche Stagnation und eine bedrohlich steigende Arbeitslosigkeit gekennzeichnet war, kann man durchaus die Frage stellen, ob es zu dieser Zeit sinnvoll gewesen wäre, drastische Sparprogramme zu beschließen. Zu denken hätte auch die Tatsache geben sollen, dass die im Herbst 2005 neu gewählte Bundeskanzlerin Angela Merkel und ihr Finanzminister Peer Steinbrück für das Jahr 2006 einen Haushalt planten, bei dem sie bewusst in Kauf nahmen, dass die Neuverschuldung mit 3,3 Prozent höher ausfallen würde als der Grenzwert des Stabilitäts- und Wachstumspakts. Ungebremst durch fiskalische Sparprogramme, konnte sich die deutsche Wirtschaft im Jahr 2006 dann so gut entwickeln, dass das tatsächliche Defizit mit 1,7 Prozent seit vielen Jahren erstmals wieder dem Maastricht-Kriterium gerecht wurde.

Bei der im Fall Griechenlands offensichtlichen Diagnose »Staatsversagen« ist jedoch nicht zu verkennen, dass auch die **Märkte** versagt haben. Obwohl es den Investoren möglich gewesen wäre, sich über die eklatanten Schwächen im griechischen Staatshaushalt zu informieren, zögerten sie nicht, in großem Stil griechische Staatsanleihen zu erwerben, ohne dafür einen nennenswerten Risikoaufschlag zu verlangen. Die Renditedifferenz zwischen langfristigen griechischen und deutschen Anleihen lag im Jahr 2006 lediglich bei 0,3 Prozentpunkten. Beflügelt wurde das Ganze durch die Rating-Agenturen, die Griechenlands Bewertung von Mitte der neunziger Jahre bis 2006 deutlich nach oben angehoben hatten. Von der heute von vielen so hoch geschätzten Kompetenz der Märkte als Disziplinierungsinstanz für Staaten war damals also kaum etwas zu erkennen. Dies ist sehr bedauerlich, denn wenn die Märkte in den Jahren 2006/2007 ihr Misstrauen gegenüber Griechenland spürbar zum Ausdruck gebracht hätten, wäre das Kind nicht so tief in den Brunnen gefallen. Diese Blindheit der Märkte war nicht ganz überraschend. Schon die »Delors-Kommission«, die sich aus den Präsidenten der EU-Notenbanken und unabhängigen Experten zusammensetzte und im Jahr 1989 die Blaupause für den Weg zur Schaffung der Währungs- und Wirtschaftsunion präsentierte, hatte in ihrem Bericht festgestellt, dass die Märkte häufig viel zu spät reagierten und, wenn sie dann endlich aufwachten, meist in Panik verfielen.[4]

Griechenland spielt in der deutschen Diskussion eine ähnliche Rolle wie der legendäre »Florida-Rolf«, der im Jahr 2003 in die Schlagzeilen kam, weil er sich als Sozialhilfeempfänger ein Apartment in Florida bezahlen ließ. Man greift das Fehlverhalten eines Einzelnen auf, um auf diese Weise ein ganzes Kollektiv zu diskreditieren. Wie gut das funktioniert, kann man daran sehen, dass statt Euro-Krise zunehmend das Wort **Staatsschuldenkrise** verwendet wird, geradezu als ob es sich dabei um Synonyme handle. Aber wie stand es im Jahr 2007 kurz vor dem Ausbruch der Krise eigentlich um die Situation der Staatsfinanzen der übrigen Mitgliedsländer?

Noch relativ ungünstig präsentierte sich damals die Situation Portugals, das mit einem Defizit von 3,2 knapp über der 3-Prozent-Grenze lag und eine überhöhte Schuldenstandsquote von 75,4 Prozent aufwies. Italien lag mit einem Defizit von 1,6 Prozent im grünen Bereich. Seine Schuldenstandsquote war mit 112 Prozent zweifellos sehr hoch, aber es war dem Land gelungen, sie von 130 Prozent im Jahr 1999 kontinuierlich abzubauen. Es trifft somit nicht zu, dass der ganze Zinsvorteil der Euro-Einführung von Italien »verfrühstückt« wurde.[5]

Nominal- und Realzinsen

Der mit der Euro-Einführung verbundene Zinsrückgang wird in der Regel übertrieben dargestellt. Jeder Student, der eine Einführungsveranstaltung in die Volkswirtschaftslehre besucht hat, weiß, dass es für die Zinsbelastung nicht auf die Nominalzinsen, sondern auf die um die Inflationsentwicklung bereinigten Realzinsen ankommt. Konkret: Wenn ich 10 Prozent Zinsen (nominal) bezahlen muss und die Inflationsrate auch bei 10 Prozent liegt, dann ist meine reale Zinsbelastung gleich null, da meine Schuld preisbereinigt durch die Inflation Jahr für Jahr um 10 Prozent vermindert wird. Die gleiche nominale Zinsbelastung von 10 Prozent stellt sich völlig anders dar, wenn die Inflationsrate nur 5 Prozent beträgt. Für Italien kann man anhand der langfristigen Nominal- und Realzinsen erkennen, dass der reale Zinsrückgang deutlich geringer ausgefallen ist als der nominale, weil mit den rückläufigen langfristigen Nominalzinsen auch die Inflationsrate merklich gesunken ist.

Schaubild 7: Der durch den Euro herbeigeführte Zinsrückgang für Italien bei nominaler und realer Betrachtung

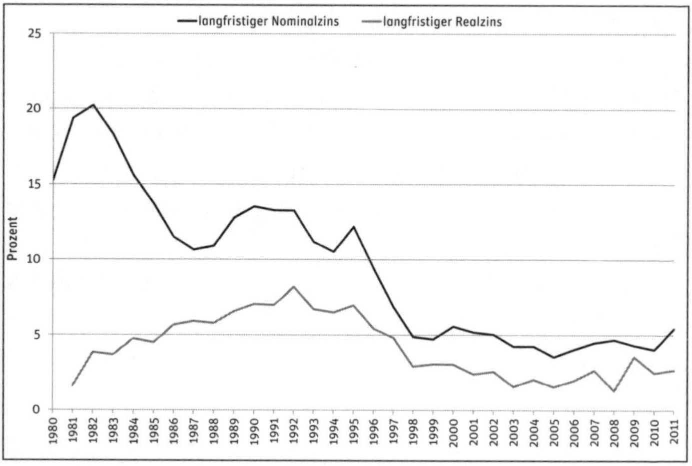

Quelle: IWF, International Financial Statistics

Ohne Fehl und Tadel war die Lage der Staatsfinanzen in Irland und Spanien. Beide Länder wiesen im Jahr 2007 einen Überschuss in den öffentlichen Haushalten auf, und ihre Schuldenstandsquote bewegte sich mit 28,6 Prozent (Irland) und 42,3 Prozent (Spanien) weit unter der 60-Prozent-Grenze des Vertrags von Maastricht. Auch mit dem striktesten Fiskalpakt hätte es für beide Länder bis zum Jahr 2007 somit keinerlei Anpassungsnotwendigkeiten gegeben.

In den ersten acht Jahren des Euro war die Situation der öffentlichen Haushalte der Mitgliedsländer insgesamt gesehen zwar nicht ideal, aber sie war im internationalen Vergleich nicht ungewöhnlich. Immerhin ist es dem Euro-Raum gelungen, die Schuldenstandsquote von 1999 bis zum Jahr 2007 von 81,6 auf 71,8 Prozent zu senken. In der gleichen Zeit erhöhte sich der Schuldenstand der Vereinigten Staaten von 60,5 auf 67 Prozent, in Japan kam es sogar zu einem Anstieg von 128,9 auf 162,4 Prozent. Der Vergleich mit Ländern, die über eine nationale Währung verfügen, legt also keineswegs den Schluss nahe, dass es allein schon durch die Teilnahme an der Währungsunion zu einer ungünstigeren Entwicklung der öffentlichen Verschuldung kommt. Vielmehr ist ein gewisser disziplinierender Effekt des Stabilitäts- und Wachstumspakts nicht von der Hand zu weisen.

1.
Marktversagen –
Die Euro-Krise als Teil der globalen Finanzkrise

Wenn man die krisenhaften Entwicklungen in Spanien und Irland erklären will, kommt man mit der Diagnose »Staatsversagen« also nicht sehr weit. Beide Länder galten neben ihren guten Fiskaldaten lange Zeit als besonders marktfreundlich und somit geradezu als Vorbilder für andere Staaten. So stellte beispielsweise der Internationale Währungsfonds in seinem regulären Bericht über Spanien im März 2006 fest, dass die bemerkenswert positive Entwicklung wesentlich auf die stetige Umsetzung von Reformen seit Beginn der neunziger Jahre zurückzuführen sei, wodurch die Wirtschaft geöffnet und ihre Flexibilität erhöht worden sei.[6] Beim »keltischen Tiger« kam der IWF im August des gleichen Jahres zu einem ähnlichen Befund. Die Wirtschaftspolitik halte sich an die Vorgaben des Fonds. Niedrige Steuern auf Löhne und Gewinne förderten die Investitionstätigkeit. Flexible Arbeits- und Gütermärkte befeuerten das Wirtschaftswachstum.[7]

Wenn heute beide Volkswirtschaften in einer schweren Krise stecken, ist dies nicht auf ein Staatsversagen, sondern eindeutig auf ein **Marktversagen** zurückzuführen. Über Jahre hinweg expandierten die Immobilienkredite mit jährlichen Wachstumsraten von 20 Prozent und teilweise auch darüber, ohne dass dies bei den nationalen Bankaufsichtsbehörden oder der für den Euro-Raum insgesamt zuständigen Europäischen Zentralbank zu vernehmbaren Alarmrufen geführt hätte. Die Entwicklungen in Irland und Spanien verdeutlichen somit, dass ein wesentlicher Teil der aktuellen Probleme des Euro-Raums nicht auf die besonderen Rahmenbedingungen der Währungsunion, sondern vielmehr auf die allgemeine Blindheit und Zügellosigkeit zurückzuführen ist, die sich in den Jahren 2000 bis 2007 weltweit bei Banken und anderen Finanzmarktakteuren breitgemacht hatte.

Häufig wird dem entgegengehalten, dass die Zinsen in Spanien und Irland durch die Einführung des Euro besonders stark gesunken seien. Die Mitgliedschaft in der Währungsunion wird also als ursächlich für die Immobilienkrise angesehen.

Dem ist entgegenzusetzen, dass die Zinsen in dieser Phase weltweit ungewöhnlich stark gesunken sind (siehe Schaubild 8 auf der folgenden Seite) und es deshalb bis 2007 in vielen Ländern zu vergleichbaren Immobilienblasen gekommen ist. So war beispielsweise **Island** im letzten Jahrzehnt weder Mitglied in der Europäischen Währungsunion, ja es gehörte nicht einmal zur Europäischen Union. Trotzdem erlebte es einen gewaltigen Kapitalzufluss und einen dadurch ausgelösten Immobilienboom, der dann ähnlich spektakulär in sich zusammengebrochen ist wie in Irland und Spanien.

Schaubild 8: Kurzfristige Zinsen weltweit im Sinkflug

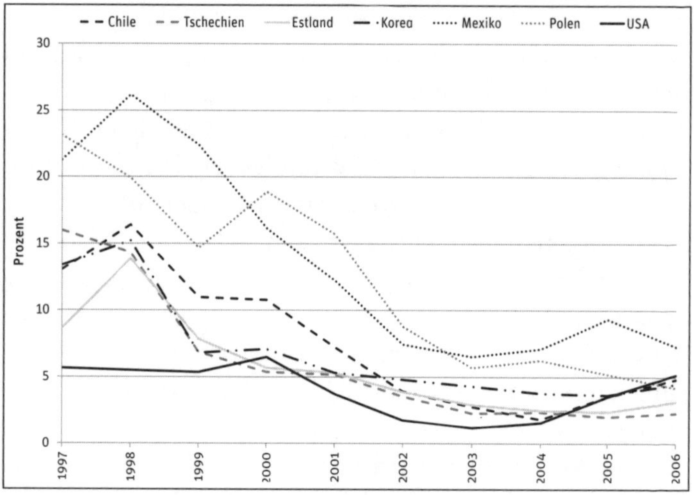

Quelle: OECD, Economic Outlook No. 91, Annex Tables

Ein anderes Beispiel ist **Ungarn,** das als EU-Mitglied weiterhin an seiner nationalen Währung festhielt. Gleichwohl kam es wie Spanien und Irland in den Genuss sehr niedriger Zinsen, weil sich die »Häuslebauer« nicht in Forint, sondern in Währungen mit besonders niedrigen Zinsen verschuldeten. Besonders beliebt waren dabei – neben dem Euro – auch der Schweizer Franken und der Yen. Im Jahr 2008 lauteten fast 70 Prozent der Verschuldung der privaten Haushalte auf eine Fremdwährung.[8]

Das **Problem der Fremdwährungsverschuldung** spielte auch bei der Immobilienblase in den baltischen Ländern eine wichtige Rolle; hier lauteten im Jahr 2008 fast 90 Prozent der Kredite auf eine Fremdwährung. Es wäre also durchaus denkbar gewesen, dass es auch ohne den Euro zu einer Immobilienkrise in Irland und Spanien gekommen wäre. Durch eine Finanzierung in D-Mark hätten die Erwerber eines Hauses oder einer Wohnung dann ebenfalls eine sehr zinsgünstige Finanzierung erhalten können. Schließlich hatten unsere Kreditinstitute ja auch kein Problem darin gesehen, in großem Stil die Immobilienblase in den Vereinigten Staaten zu finanzieren.

Vieles von dem, was wir heute also als Problem der Währungsunion ansehen, ist weder auf Konstruktionsfehler des Euro noch auf ein Fehlverhalten von Staaten zurückzuführen. Es ist vielmehr die im Rückblick kaum zu verstehende Gier der Finanzmärkte, die weltweit eine Spur der Verwüstung gezogen hat, der sich der Euro-Raum ebenso wenig entziehen konnte wie andere Volkswirtschaften. An diesen Fehlentwicklungen ist auch die **Wirtschaftswissenschaft** nicht unschuldig, da sie den Exzessen auf den Finanzmärkten lange Zeit viel zu wenig Beachtung geschenkt hat. In den Jahren bis zum Ausbruch der Finanzkrise hatte sich in der Ökonomie mehr und mehr die Vorstellung ausgebreitet, dass die Weltwirtschaft einen Zustand besonders hoher Stabilität erreicht habe. Man sprach von der **»Great Moderation«**,[9] also einer Phase der Wirtschaftsentwicklung mit nur noch vergleichsweise geringen Schwankungen. Das sei vor allem auf immer bessere theoretische Erkenntnisse über die geldpolitischen Wirkungsmechanismen zurückzuführen. Diese Sichtweise passte gut zu den Standardmodellen der Makroökonomie, in denen unfreiwillige Arbeitslosigkeit ebenso ausgeblendet wird wie die für das Entstehen der Krise verantwortlichen Prozesse auf den Finanzmärkten. Daran hat sich bis heute nur wenig geändert. Noch immer werden Studenten mit Einführungsbüchern in die Volkswirtschaftslehre konfrontiert, in denen die Makroökonomie in erster Linie als ein stabiles, sich selbst regulierendes System präsentiert wird, das allenfalls von erratischen Politikern in Unordnung gebracht wird.[10]

Die Selbstregulierung des Marktes hat sich bei den Finanzmärkten als Schimäre erwiesen. Bei einer so gravierenden Störung auf ein striktes Einhalten von Verschuldungsgrenzen oder der No-bail-out-Klausel zu pochen, erscheint zwar ordnungspolitisch konsequent, aber ein solcher Rigorismus hätte aller Voraussicht nach zu einem unkontrollierten Zusammenbruch der Währungsunion und damit zu fatalen Konsequenzen für Wirtschaftswachstum und Beschäftigung geführt. Die Wucht der Finanzkrise hat schließlich nicht nur auf dem Felde der Währungsunion zu **ordnungspolitischem Pragmatismus** gezwungen. Wer Anfang September 2008 prognostiziert hätte, dass eine von der Union geführte Bundesregierung Banken verstaatlichen und in großem Stil Bankenbeteiligungen eingehen würde, wäre als äußerst verwirrt angesehen worden. Und doch war dieser Bruch mit ordnungspolitischen Grundprinzipien im Rückblick unvermeidlich, um das Finanzsystem in Deutschland zu stabilisieren. Der englische Banker Thomas Joplin hat Mitte des 19. Jahrhunderts die Problematik sehr gut auf den Punkt gebracht: »There are times when rules and precedents cannot be broken; others when they cannot adhered to with safety.«[11]

Während das Verhalten von Banken und Finanzmarktakteuren allgemein durchaus als maßgeblich für den Ausbruch der Krise betrachtet wird, ist von der **Europäischen Zentralbank** selten die Rede, wenn es um die Frage nach den Verantwortlichen geht. Gleichwohl gehören ehemalige Repräsentanten der EZB heute zu den besonders engagierten Kritikern des finanzpolitischen Fehlverhaltens im Euro-Raum. Im Rückblick gibt es keinen Zweifel, dass die Leitzinsen der EZB in den Jahren 2004 und 2005 mit 2 Prozent eindeutig zu niedrig waren. Bei einem Wirtschaftswachstum von rund 2 Prozent und einer Inflationsrate in derselben Größenordnung wäre ein Leitzins von 4 Prozent durchaus zu rechtfertigen gewesen. Dass die EZB zu lange auf ein niedriges Zinsniveau fixiert war, ist vor allem durch eine eindimensionale Fokussierung auf die Geldwertstabilität zu erklären. Bei der Frage, ob das Zinsniveau angemessen ist oder nicht, orientierte sich die EZB, wie viele andere Notenbanken, im Wesentlichen an den Prognosen für die Inflationsrate. Da in den Jahren 2000 bis 2007 beim besten Willen keine Gefahren für das Ziel der Preisstabilität zu erkennen waren, hielt die EZB sehr lange an ihrer Niedrigzinspolitik fest.

Auch wenn sich die EZB dazu nie offen bekannte, verfolgte sie in dieser Phase die damals bei Notenbanken weltweit sehr beliebte Strategie des **»inflation targeting«**, bei der Zinspolitik im Wesentlichen von den Prognosen über die Preisentwicklung bestimmt wird. In den Jahren vor der Krise stellte sich dabei jedoch das Problem, dass sich – anders als in der Vergangenheit – trotz einer sehr dynamischen Wirtschaftsentwicklung keine nennenswerten Inflationstendenzen entfalteten. Dies dürfte wesentlich darauf zurückzuführen sein, dass es wegen des starken Wettbewerbsdrucks aus Osteuropa und den asiatischen Schwellenländern für die Gewerkschaften nur schwer möglich war, kräftige Lohnerhöhungen durchzusetzen. Und wenn sich die Kaufkraft der Arbeitnehmer nur verhalten entwickelt, halten sich die Preiserhöhungsspielräume der Unternehmen in engen Grenzen.

Mit der eindimensionalen Fixierung auf das Inflationsziel war es der EZB nicht möglich gewesen, die von ihrer Politik der niedrigen Zinsen ausgelösten gravierenden **Fehlentwicklungen auf den Kredit- und Immobilienmärkten** in Spanien und Irland zu erkennen. Hätte man im Vertrag von Maastricht der EZB neben der Verpflichtung zur Sicherung der Preisstabilität zugleich auch ein Mandat zur Sicherung der Stabilität des Finanzsystems erteilt, wären dem Euro-Raum möglicherweise viele Probleme erspart geblieben. Allerdings ist auch das nicht sicher, da die EZB in ihren seit 2004 halbjährlich erstellten »Financial Stability Reviews« den Euro-Raum als Einheit analysiert. Bei dieser Durchschnittsbetrachtung fiel die Überhitzung in Spanien und Irland nicht so sehr ins Auge, da in Deutschland die Kreditentwicklung über lange Zeit stagnierte.

Zur Verteidigung der EZB sei angemerkt, dass sie mit ihrer Fehleinschätzung in den Jahren vor der Krise nicht alleine war. So hat auch der Autor dieser Zeilen die Zinspolitik der europäischen Notenbank damals nie kritisch kommentiert. Problematisch ist es nur, wenn heute Persönlichkeiten, die in dieser Zeit in führender Position bei der EZB für den Euro verantwortlich waren, die Krise allein den Regierungen der Mitgliedsländer in die Schuhe schieben wollen.

Die verantwortungslose Kreditvergabe vor allem spanischer und irischer Banken verdeutlicht aber auch noch ein weiteres **institutionelles Defizit der Währungsunion,** das trotz seiner Bedeutung lange Zeit nicht erkannt worden war. Wie kann man einen gemeinsamen Währungsraum gründen, der explizit das Ziel hat, einen voll integrierten Finanzraum zu schaffen, und dabei die Bankenaufsicht weiterhin in den Händen nationaler Aufsichtsbehörden belassen? Da keiner der nationalen Regulatoren über den Tellerrand seiner Landesgrenze hinauszusehen imstande war, ist es nicht verwunderlich, dass den in den Jahren 2002 bis 2007 schnell wachsenden Kreditverflechtungen innerhalb des Euro-Raums keine größere Beachtung geschenkt wurde.

2.
Modell Deutschland?

Wenn es darum geht, Sünder und Schuldige für die Krise zu finden, sind deutsche Politiker schnell bei der Hand. So werden die Peripherie-Länder gerne als »Schuldensünderstaaten« an den Pranger gestellt. Als Sündenböcke eignen sich auch Banken, Hedgefonds und Rating-Agenturen, obwohl sich Letztere in den vergangenen zweieinhalb Jahren weitgehend auf die Rolle des Überbringers schlechter Nachrichten beschränkt haben. Deutschland wird demgegenüber meist als Musterknabe gesehen, der rechtzeitig die notwendigen Reformen eingeleitet, eine zurückhaltende Lohnpolitik verfolgt und sich um solide Staatsfinanzen bemüht habe. Kein Wunder, dass man in der Politik die Aufforderung hört, Europa solle deutsch sprechen. Aber ist es wirklich so, dass Deutschlands Wirtschaftspolitik als Modell für eine nachhaltige Entwicklung des Euro-Raums funktioniert hätte? Zur Beantwortung dieser Frage eignet sich nichts besser als Kants **kategorischer Imperativ.** In seiner *Grundlegung zur Metaphysik der Sitten* schreibt er: »Handle nur nach derjenigen Maxime, durch die du zugleich wollen kannst, dass sie ein allgemeines Gesetz werde.«

In den Jahren nach der Einführung des Euro bestand das Geschäftsmodell Deutschlands in einer ausgeprägten Exportorientierung. Dazu wurde eine extreme Lohnzurückhaltung praktiziert, die daran abzulesen ist, dass die deutschen Lohnstückkosten im Durchschnitt der Jahre 2001 bis 2010 nur um nominal 1,1 Prozent gestiegen und damit deutlich hinter der Preisentwicklung zurückgeblieben sind. Da die Lohnstückkosten die Inflationsentwicklung maßgeblich bestimmen, wurde so ein deflationärer Druck auf den Euro-Raum ausgeübt, der nicht unwesentlich zur Niedrigzinspolitik der EZB in den Jahren 2004 und 2005 beigetragen hat.

Die **merkantilistische Strategie** der deutschen Wirtschaftspolitik war aus rein nationaler Sicht insoweit erfolgreich, als es dadurch zu immer höheren Leistungsbilanzüberschüssen kam. Im gesamten Zeitraum von 1999 bis zum zweiten Quartal 2012 wurde so ein kumuliertes Netto-Geldvermögen in Höhe von 1,2 Billionen Euro angehäuft. Das zeigt ganz nebenbei, wie unsinnig es ist, wenn Politiker immer wieder darüber klagen, dass »wir« über unsere Verhältnisse gelebt hätten oder leben. Wenn mit »wir« die Gesamtheit von privaten Haushalten, Unternehmen und Staat in Deutschland gemeint ist, gibt es in den letzten 13 Jahren kaum eine Volkswirtschaft, die so unter ihren Verhältnissen gelebt hat. Indem sie eben genau 1,2 Billionen Euro weniger ausgegeben als eingenommen hat. Wenn mit »wir« lediglich der Staatssektor gemeint ist, sieht die Sache anders aus. Denn dieser Bereich hat tatsächlich über seine Verhältnisse gelebt: Mit Ausnahme des Jahres 2007 war in dieser Phase für Deutschland ein ständiges Staatsdefizit zu verzeichnen.

Deutsche Politiker finden es grundsätzlich gut, dass unsere Volkswirtschaft einen hohen Leistungsbilanzüberschuss aufweist. Schließlich sind wir eine alternde Gesellschaft, und da sei es völlig richtig, wenn wir kollektiv viel Geld auf die hohe Kante legen. Dementsprechend wird das Geldsparen durch die Riester- und Rürup-Rente sowie durch die betriebliche Altersvorsorge in Form der Entgeltumwandlung massiv subventioniert. Auch bei der Einkommensteuer werden Zinseinnahmen nur mit der Abgeltungssteuer von 25 Prozent belastet, während Dividenden-Einnahmen zunächst beim Unternehmen mit knapp 30 Prozent versteuert werden müssen und dann noch zusätzlich der Abgeltungssteuer unterliegen.

Doch wie ist das nun mit dem kategorischen Imperativ? Können alle Volkswirtschaften einen Überschuss in der Leistungsbilanz aufweisen? Schlichtes kaufmännisches Denken legt nahe, dass zu jeder Forderung eine Verbindlichkeit gehören muss. Und wenn ein Land einen hohen Überschuss in der Leistungsbilanz erzielen möchte, was ja nichts anderes bedeutet, als dass es seine Forderungen gegenüber dem Ausland netto erhöhen will, muss es notwendigerweise Länder geben, die bereit sind, die entsprechenden Schulden einzugehen. Da also nicht alle Länder einen Überschuss in der Leistungsbilanz erzielen können, eignet sich die deutsche Maxime »Erziele einen Überschuss in der Leistungsbilanz« nicht als allgemeine Regel für eine Währungsunion. Es ist daher auch keineswegs Ausdruck einer moralischen Überlegenheit, wenn man einen Leistungsbilanzüberschuss erzielt. Damit wir dazu in der Lage sind, braucht es die von uns so überheblich kritisierten »Schuldensünder«. Weder im vergangenen Jahrzehnt noch heute wäre es ohne die Bereitschaft vieler Staaten, sich hoch zu verschulden, für Deutschland überhaupt nicht möglich, den heiß begehrten Überschuss in der Leistungsbilanz zu realisieren.

Aber was hätten wir denn gegen diesen Überschuss tun können? War es etwa falsch, dass sich deutsche Unternehmen im letzten Jahrzehnt nach Kräften bemüht haben, sich auf den Weltmärkten mit erstklassigen Produkten und exzellentem Service zu positionieren? Dies ist gewiss nicht zu kritisieren. Das Problem liegt allein darin, dass trotz der hohen Wettbewerbsfähigkeit der deutschen Wirtschaft über Jahre hinweg eine **extreme Lohnzurückhaltung** praktiziert worden ist. Diese war in den Jahren

1999 bis 2007 besonders ausgeprägt. Die Lohnstückkosten lagen 2007 um 1,7 Prozent unter dem Niveau von 1999. Die Nominallöhne stiegen also weniger stark als die Produktivität; da es für die Arbeitnehmer dabei keine Kompensation für die Inflationsentwicklung gab, sanken die Reallöhne de facto sogar leicht. Für eine Lohnentwicklung, die Arbeitnehmer nicht nur am Produktivitätsfortschritt der deutschen Wirtschaft beteiligt, sondern ihnen zudem einen Inflationsausgleich von knapp 2 Prozent geboten hätte (so das bereits erwähnte Inflationsziel der EZB), wäre ein Anstieg der Lohnstückkosten um 16 Prozent erforderlich gewesen. Die massive Umverteilung zu Lasten der Arbeitnehmer zeigt sich darin, dass die Lohnstückkosten im Jahr 2007 um rund 18 Prozent zu niedrig ausfielen.

Dies beflügelte auf der einen Seite die ohnehin hoch wettbewerbsfähige deutsche Industrie. Auf der anderen Seite dämpfte die Lohnzurückhaltung die deutsche Binnennachfrage, die sich – wie die privaten Konsumausgaben – in den Jahren 1999 bis 2007 preisbereinigt um magere 0,6 Prozent jährlich erhöhte. Die Wachstumsdynamik resultierte daher allein aus den Exporten, die in dieser Phase real um jährlich 8,2 Prozent zunahmen. Und da sind wir wieder bei Kant. Wenn alle anderen Länder die Regel »Halte die Lohnstückkosten durch Lohnzurückhaltung konstant!« befolgt hätten, wäre dort die Nachfrage ähnlich anämisch verlaufen wie bei uns, was eine Stagnation oder sogar einen Rückgang unserer Exporte bedeutet hätte.

Das Problem der Leistungsüberschüsse ist also nicht die hohe Wettbewerbsfähigkeit unserer Industrie. Ebenso wenig sind **Unterschiede in den Produktivitätsniveaus** ein generelles Argument gegen eine Währungsunion. So ist in den Vereinigten Staaten das Pro-Kopf-Einkommen in Delaware und Connecticut mehr als doppelt so hoch wie in Idaho und Mississippi. Solche Divergenzen in der wirtschaftlichen Leistungsfähigkeit sind überhaupt kein Hinderungsgrund für die Stabilität einer Währungsunion, solange das Lohnniveau in den produktivitätsschwächeren Volkswirtschaften entsprechend geringer ausfällt. Insofern ist der Vorwurf, eine Währungsunion zwischen so hoch wettbewerbsfähigen Ländern wie Deutschland und den »fußkranken« Südländern sei von Anfang an zum Scheitern verurteilt gewesen, nicht haltbar.

Wenn heute Länder wie Spanien, Italien oder Griechenland Probleme mit ihrer Wettbewerbsfähigkeit haben, liegt das nicht unwesentlich daran, dass Deutschland seine hoch leistungsfähige Industrie noch zusätzlich über die Strategie der Lohnmoderation stimulieren wollte. Die für den Zusammenhalt des Euro in der Tat gefährliche Lohnmoderation ist letztendlich nichts anderes als ein gravierender **Bedienungsfehler** der Währungsunion. Dieser erklärt sich aus einer kollektiven Panik, welche die deutsche Öffentlichkeit in den Jahren 2002 bis 2005 erfasst hatte. Sie wurde durch Sabine Christiansens Talkrunden ebenso geschürt wie durch den im Jahr 2003 erschienenen Bestseller *Ist Deutschland noch zu retten?* von Hans-Werner Sinn, in dem er auf vielen Seiten und in grellen Farben schildert, wie die deutsche Industrie ihre Wettbewerbsfähigkeit vermeintlich verloren hätte. Selbst in der aktualisierten Auflage aus dem Jahr 2005 forderte Sinn deshalb noch eine Lohnsenkung von 10 bis 15 Prozent, »wobei bei den gering Qualifizierten sicherlich eine Lohnsenkung um ein Drittel benötigt würde«[12]. Sinn hatte sich damals offenbar nicht nur durch das Verwechseln von Import- und Exportzahlen, sondern vor allem durch die ungünstige Weltkonjunktur in den Jahren 2000 bis 2003 ziemlich in die Irre führen lassen. In dieser Phase stiegen die deutschen Exporte preisbereinigt nur um durchschnittlich 1,8 Prozent pro Jahr. Doch direkt nach der ersten Drucklegung seines Buches – und noch vor dem Inkrafttreten der Hartz-Reformen – erreichten die Exporte wieder fulminante Zuwachsraten. Zutreffend ist jedenfalls eine Zwischenüberschrift des Buches auf Seite 78: »Exporte und Wettbewerbsfähigkeit: ein schwieriges Thema«. Dass man die Situation damals auch anders sehen konnte, zeigt das Buch des Verfassers dieser Zeilen, das im Jahr 2004 mit dem Titel *Wir sind besser, als wir glauben* erschien.[13] Die zentrale Aussage lautete, dass die deutsche Wirtschaft insgesamt eine hohe Wettbewerbsfähigkeit aufweist und dass deshalb keine weitere Lohnzurückhaltung erforderlich sei.

Häufig ist zu hören, die Lohnentwicklung sei politisch überhaupt nicht steuerbar, da es in Deutschland schließlich das Prinzip der Tarifautonomie gebe. Das stimmt zwar, aber bei genauerem Hinsehen ist nicht zu verkennen, dass sich die deutsche Wirtschaftspolitik im letzten Jahrzehnt **aktiv** an der Strategie der Lohnmoderation beteiligt hat:

- Da ist die als »Gesundheitsreform« verkaufte staatliche Lohnsenkung des Jahres 2005 zu nennen. Die bis dahin von Arbeitgebern und Arbeitnehmern paritätisch finanzierten Beiträge zur gesetzlichen Krankenversicherung wurden um 0,45 Prozentpunkte gesenkt. Die Arbeitnehmer müssen seither jedoch einen Sonderbeitrag von 0,9 Prozentpunkten bezahlen. Ökonomisch war dies nichts anderes als eine **staatliche dekretierte Lohnsenkung.**
- Mit der im Jahr 2007 von der Großen Koalition beschlossenen Mehrwertsteuererhöhung um 3 Prozentpunkte bei einer gleichzeitigen Absenkung des Beitrags

zur Arbeitslosenversicherung um 2,3 Prozentpunkte wurde eine noch stärkere Senkung der Lohnkosten für die Arbeitgeber realisiert. Die anteilige Entlastung der Arbeitgeber durch den um 1,15 Prozentpunkte gesenkten Beitrag zur Arbeitslosenversicherung musste von den Verbrauchern über die höhere Mehrwertsteuer finanziert werden. In der aktuellen Diskussion über mögliche Formen einer Lohnsenkung in den Problemländern des Euro-Raums wird eine solche Strategie als **fiskalische Abwertung** bezeichnet. Die Konsumenten finanzieren mit der Mehrwertsteuer die zusätzlichen Gewinne für die Unternehmen.
- Durch die Flexibilisierung der Leiharbeit und die Förderung von Minijobs wurde zusätzlicher Druck auf das Lohngefüge im Land ausgeübt.

Die extreme Lohnmoderation in Deutschland ist allerdings nur eine Seite der Medaille. Während bei uns die Arbeitseinkommen kaum stiegen, wurden in den **Peripherie-Ländern** fröhlich Lohnerhöhungen vorgenommen, die deutlich über die dort erzielten Produktivitätsfortschritte hinausgingen. So erhöhten sich die Lohnstückkosten von 1999 bis 2007 in Irland um 36 und in Spanien um 28 Prozent. Hier ist es also ebenfalls zu erheblichen Bedienungsfehlern gekommen. Eine für die Stabilität des Euro-Raums und die Sicherung der eigenen Wettbewerbsfähigkeit angemessene Lohnentwicklung hätte einen jährlichen Anstieg der Lohnstückkosten gemäß dem Inflationsziel der EZB von knapp 2 Prozent erfordert; von 1999 bis zum Jahr 2007 wären insgesamt nur 16 Prozent zulässig gewesen. Eine dem Inflationsziel der EZB angemessene Lohnentwicklung war in dieser Phase lediglich in Frankreich (Anstieg der Lohnstückkosten um genau 20 Prozent) sowie mit Einschränkungen in Belgien

(13 Prozent) und den Niederlanden (19 Prozent) zu beobachten.

Im Rückblick ist es erstaunlich, dass es im vergangenen Jahrzehnt kaum Stimmen gab, die vor diesen ganz offensichtlichen Fehlentwicklungen bei den Lohnstückkosten gewarnt haben. Sie sind eindeutig als Bedienungsfehler anzusehen, da sie – anders als bei nationalen Währungen – nicht durch Wechselkursanpassungen, sondern nur noch durch schmerzhafte Lohnsenkungen korrigiert werden können. Hier wäre wiederum an die Europäische Zentralbank zu denken. Sie hat zwar in ihren Monatsberichten gebetsmühlenhaft auf die Notwendigkeit von Strukturreformen hingewiesen, aber ein deutlicher Warnruf, dass im Euro-Raum gefährliche Tendenzen bei den Lohnstückkosten zu beobachten seien, war nicht zu vernehmen. In einer Analyse der EZB aus dem Mai 2005, die sich mit den durch die unterschiedlichen Lohnentwicklungen hervorgerufenen anhaltenden Inflationsdivergenzen bei den Mitgliedsländern der Währungsunion auseinandersetzt, findet man stattdessen eher abwiegelnde Aussagen.[14] Inflationsdifferenzen über Länder- oder Sektorgrenzen einer Währungsunion hinweg, so heißt es da, seien die natürliche Folge der laufenden Anpassung der relativen Preise in einer Marktwirtschaft. Sie spiegelten allerdings auch einen Mangel an Flexibilität und Anpassungsfähigkeit der Institutionen und Marktstrukturen in den einzelnen Volkswirtschaften wider.

Warum sagte die EZB nicht klar und deutlich, dass die Löhne in Deutschland viel zu wenig angehoben wurden, während sie in Spanien, Griechenland und Irland über ein angemessenes Maß hinaus gestiegen waren? Die vornehme Zurückhaltung der EZB dürfte wohl vor allem damit zu erklären sein, dass man damit auch Deutschland auf die Füße getreten wäre. Doch noch drei Jahre später, in einem

Sonder-Monatsbericht der EZB zum zehnjährigen Jubiläum des Euro, sucht man vergeblich nach Hinweisen auf problematische Lohndivergenzen.[15] In bester Feierlaune stellte die EZB auf Seite 6 der Jubiläumsschrift vielmehr fest: »Der Euro hat erheblich zum Funktionieren unseres großen kontinentalen Marktes und somit zur Verwirklichung eines echten Binnenmarktes beigetragen.« Und wiederum gibt es nur einen kryptischen Verweis auf »die Erhöhung der Flexibilität und der Anpassungsfähigkeit des Euro-Raums durch die Verbesserung der Struktur- und Finanzpolitik«. So verpasste die EZB die Chance, rechtzeitig vor gravierenden chronischen Fehlentwicklungen zu warnen, die für Europa heute nur mit großen Mühen zu korrigieren sind.

Aber auch Deutschland, dessen Politiker sich häufig in der Rolle des Musterschülers gefallen, hat wesentlich zu den Ungleichgewichten in der Währungsunion beigetragen. Eine durch Fehldiagnosen von »Starökonomen« ausgelöste Panikattacke führte zu einer exzessiven Lohnmoderation. Mit diesem Lohnunterbietungsrennen wurde zum einen ein deflationärer Druck für den Euro-Raum geschaffen, der es der EZB erschwerte, rechtzeitig die Zinsen anzuheben. Zum anderen wurde damit die Wettbewerbsfähigkeit der anderen Länder ohne Not untergraben. Das Problem war also nicht, dass es 1999 Unterschiede in den Produktivitäts*niveaus* der teilnehmenden Volkswirtschaften gegeben hatte. Es bestand vielmehr darin, dass es vor allem in der Phase 1999 bis 2007 in einigen Ländern im Vergleich zum *Anstieg* der Produktivität zu überzogenen Lohnerhöhungen gekommen ist, während in Deutschland die Real-Lohnentwicklung massiv hinter dem Produktivitätsfortschritt zurückgeblieben ist.

3.
Verzerrte Sichtweise auf die längerfristigen Ursachen der Krise

Die Debatte über die längerfristigen Ursachen der Euro-Krise ist somit durch eine stark verzerrte Sichtweise geprägt. Es trifft zu, dass die Währungsunion Konstruktionsfehler aufweist, nicht zuletzt das Fehlen einer gemeinsamen Bankenaufsicht, aber es gab auch massive Bedienungsfehler, insbesondere bei der Lohnpolitik, die einfach so fortgeführt wurde, als gäbe es den Euro nicht. Es trifft ebenfalls zu, dass in Griechenland über ein ganzes Jahrzehnt hinweg eine unverantwortliche Finanzpolitik betrieben wurde. Aber wenn dies das einzige Problem der Währungsunion gewesen wäre, hätte es sich recht einfach bewältigen lassen: Die griechische Staatsverschuldung beläuft sich auf nicht mehr als 4 Prozent des Bruttoinlandsprodukts des Euro-Raums. Die Diagnose »Staatsversagen« erklärt jedoch nur einen kleineren Teil der Probleme, da sich die Fiskalpolitik in den übrigen Mitgliedsländern deutlich disziplinierter verhielt. Spanien und Irland galten bis zum Ausbruch der Krise geradezu als fiskalpolitische Musterschüler.

Der größte Teil der aktuellen Probleme ist deshalb auf Marktversagen zurückzuführen. Wie in den Vereinigten Staaten kam es auch in Spanien und Irland zu einer exzessiven Kreditvergabe für Immobilienkäufe, wodurch sich diese Volkswirtschaften über Jahre hinweg immer mehr zu Immobilien-Ökonomien entwickelten. Nach dem Platzen der Blase war es für sie enorm schwer, wieder ein neues Geschäftsmodell zu finden.

Massiv versagt haben aber auch die Europäische Zentralbank, die in besonderer Weise Verantwortung für die Stabilität der Währungsunion trägt, und die nationalen Bankaufsichtsbehörden. Bei einer entsprechend differenzierten Diagnose hätte es von vornherein nahegelegen, die Krise solidarisch anzugehen und nicht die gesamte Anpassung allein von den unter den wachsenden Druck der Finanzmärkte geratenen Problemländern einzufordern.

Ganz generell leidet die Diskussion über die Euro-Krise an einer **unangemessenen Überheblichkeit** gegenüber den in Not geratenen Ländern. Es stimmt, dass Griechenland Statistiken gefälscht hat. Aber man muss Ländern, die Fehler begangen haben, auch die Chance für einen Neuanfang geben. Darüber hinaus stimmt es nicht, dass die Menschen in den Peripherie-Ländern weniger arbeiten als die Deutschen. Ganz im Gegenteil: Bei den durchschnittlichen jährlichen Arbeitsstunden je Erwerbstätigen liegt Deutschland bei den OECD-Ländern mit 1390 Stunden auf dem zweitletzten Tabellenplatz. In Griechenland wird mit 2119 Stunden rund 50 Prozent mehr gearbeitet als in Deutschland. Aber auch in Italien, Spanien und Portugal sind die Arbeitnehmer deutlich länger am Arbeitsplatz als ihre deutschen Kollegen.

Schaubild 9: Arbeitsstunden pro Jahr je Erwerbstätigen (2009)

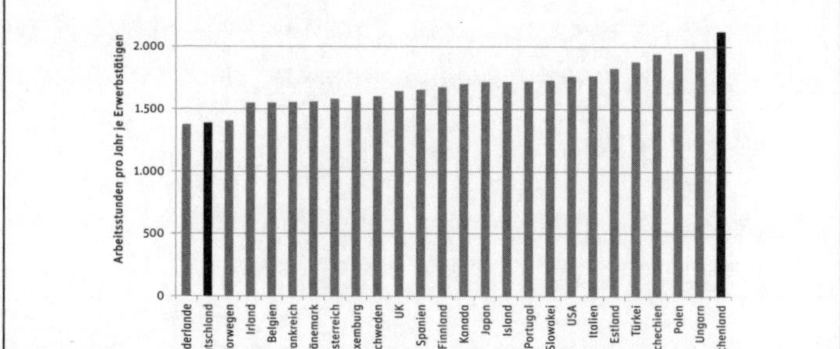

Quelle: OECD, http://dx.doi.org/10.1787/888932505545

Falsch ist auch, dass die Griechen besonders früh in Rente gehen. Das durchschnittliche effektive Renteneintrittsalter liegt bei Männern mit 61,9 Jahren sogar leicht höher als in Deutschland (61,8 Jahre). Bei Frauen ist es mit 59,6 Jahren etwas niedriger als in Deutschland (60,5 Jahre). In Spanien gehen die Männer ebenfalls mit 61,8 Jahren in Rente, die Frauen mit 63,4. Sehr spät kommt der Ruhestand für die Portugiesen mit einem Renteneintrittsalter von 67 Jahren für Männer und 63,6 Jahren für Frauen. Relativ früh verabschieden sich die Italiener aus dem Arbeitsleben (Renteneintritt der Männer mit 61,1 Jahren, der Frauen mit 58,7 Jahren).

Schaubild 10: Gesetzliches Rentenalter und tatsächlicher Berufsausstieg, Männer und Frauen, nach Jahren

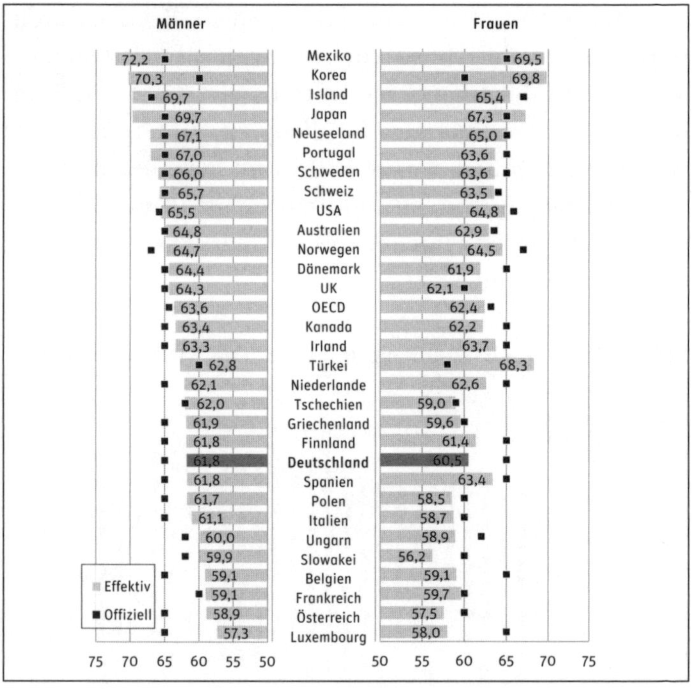

Quelle: OECD (2011a)

Etwas pharisäerhaft ist es aber auch, wenn an deutschen Stammtischen über die **schlechte Steuermoral** der Griechen geklagt wird. Die Steuer-CDs aus der Schweiz sind ein klarer Beleg dafür, dass auch viele reiche Deutsche keinerlei Hemmungen hatten und immer noch haben, ihr Geld in großem Stil ins Ausland zu verschieben. Und natürlich gibt es auch vermögende Bundesbürger, die ihren Wohnsitz legal in die Schweiz oder nach Luxemburg verlagern, nur um in ihrem eigenen Land keine Steuern bezahlen zu müssen. Manche von ihnen werden noch gefeiert, wenn sie dann von dem vielen Geld, das sie durch die Steuerflucht in die Schweiz dem deutschen Fiskus entzogen haben, einer Universität einen Lehrstuhl finanzieren.

Die größte Gefahr für Europa besteht heute darin, dass Vorurteile geschürt werden, wonach die »Nordländer« den »Südländern« (häufig plus Irland) in ihrem Arbeitsethos und ihrer Moral überlegen seien. Doch wenn Deutschland im letzten Jahrzehnt geradezu versessen darauf war, möglichst hohe Überschüsse in der Leistungsbilanz zu erzielen, kann es sich jetzt nicht darüber beklagen, dass es Länder gegeben hat, welche die dazu erforderlichen Defizite eingegangen sind. Das ist so ähnlich, als würde ein Wirt über ein Jahr lang einem Gast die Möglichkeit geben, auf Pump so viel zu essen und zu trinken, wie er will, und sich dann darüber beklagen, dass er am Ende seine Rechnung nicht bezahlt bekommt.

III.
Die Verschärfung der Krise in den Jahren 2010 bis 2012

Die hier beschriebenen chronischen Fehlentwicklungen waren spätestens nach dem Beginn der globalen Finanzkrise im Juli 2007 recht gut zu erkennen gewesen. Aber es dauerte noch fast drei Jahre, bis es im März 2010 mit den wachsenden Finanzierungsproblemen Griechenlands zum offenen Ausbruch der Euro-Krise kam. Seither befindet sich die Währungsunion in einem Teufelskreis aus zunehmenden Finanzierungsproblemen der Peripherie-Staaten, einer wachsenden Instabilität ihrer Bankensysteme und einer immer ungünstigeren konjunkturellen Entwicklung. Mehr und mehr Länder sind in den beiden letzten Jahren in diesen Strudel gezogen worden. Nach Griechenland musste Irland im Dezember 2010 unter den Rettungsschirm EFSF (Europäische Finanzstabilisierungsfazilität) schlüpfen. Im März 2011 war Portugal an der Reihe. Im Herbst des gleichen Jahres erfasste das Misstrauen der Anleger mit Italien und Spanien erstmals zwei große Mitgliedsländer der Währungsunion. Seither haben beide Staaten mit hohen Zinsaufschlägen zu kämpfen; Spanien musste im Juni 2012 für die Rekapitalisierung seiner Banken Hilfsmittel aus dem EFSF beantragen. Ende Juni war auch Zypern reif für den EFSF.

Diese unheimliche Ausweitung und Selbstverstärkung der Krise steht in einem deutlichen Kontrast zu den zahllosen Rettungsgipfeln der Regierungschefs und Finanzminister, die sich in den letzten dreißig Monaten mit immer größer dimensionierten Rettungsschirmen ja durchaus bemüht haben, die Situation zu stabilisieren. Für diese bedrohliche Eskalation gibt es eigentlich nur zwei Erklärungen. Auf der einen Seite könnte das Versagen der Rettungsstrategie darauf zurückzuführen sein, dass die Krisenländer keine ausreichenden Anstrengungen zur Lösung der Probleme unternommen haben. Schuld wäre dann also der Patient, der sich nicht konsequent an den verordneten Heilungsplan gehalten hat. Auf der anderen Seite könnte der ausbleibende Heilungserfolg für eine Fehldiagnose sprechen; in diesem Fall wäre es nicht überraschend, dass die vorgeschlagene Therapie keine Wirkungen zeigt.

1.
Der »Berliner Konsens«

Für die Bundesregierung und die in der sogenannten Troika zusammenarbeitenden supranationalen Institutionen (Internationaler Währungsfonds, Europäische Kommission, Europäische Zentralbank) war die Problemdiagnose eindeutig. Nach diesem »Berliner Konsens« ist die Krise in erster Linie eine **Staatsschuldenkrise,** die dementsprechend nur dadurch gelöst werden kann, dass die betreffenden Länder unter allen Umständen konsequente Sparprogramme umsetzen. Da die damit verbundenen Steuererhöhungen und Ausgabenkürzungen im nationalen Rahmen immer auf große Widerstände stoßen, benötigt man einen starken externen Druck, der am wirkungsvollsten durch die Finanzmärkte ausgeübt wird. Aus diesem Grund sind alle Formen von Solidarität, bei denen Ländern eine Unterstützung durch die Gemeinschaft zuteil wird, erst dann zu rechtfertigen, wenn ein Land wirklich mit dem Rücken zur Wand steht. Und sie müssen – ganz nach dem Modell des mittelalterlichen Schuldturms – zu möglichst abschreckenden Konditionen gewährt werden. Ein prophylaktisches Eingreifen zum Vermeiden eines Flächenbrands ist mit diesem Ansatz grundsätzlich nicht zu vereinbaren, da es die dafür als konstruktiv angesehene **Marktdisziplin** unterminieren würde.

Die negativen Auswirkungen der Sparprogramme auf die Konjunktur werden zwar nicht geleugnet, aber zu einem großen Teil als unvermeidlich angesehen. Impulse für Wachstum sollen vor allem durch **Strukturreformen** geschaffen werden. Hinter diesem Begriff verbirgt sich –

neben fundamentalen Reformen im Bereich der Alterssicherung und des Arbeitsmarktes – ein Sammelsurium von Maßnahmen, die allesamt darauf abzielen, staatliche Regulierungen so weit wie möglich abzuschaffen. Sie betreffen beispielsweise die Zahl der Lizenzen für Taxifahrer, den Abbau bürokratischer Hürden bei der Gründung eines Unternehmens, Öffnungszeiten für Apotheken oder die Gebührenordnung für Notare. Die große Bedeutung, die den Strukturreformen als Wachstumsmotor beigemessen wird, spiegelt das auch durch die Finanzkrise nicht im mindesten erschütterte Dogma wider, wonach für wirtschaftliche Probleme nie der Markt, sondern immer der Staat verantwortlich ist. Dementsprechend wird über die Strukturreformen hinaus keine Notwendigkeit für staatliche Wachstumsimpulse in den Problemländern gesehen.

Haben die Problemländer zu wenig gespart?

In den Medien – wie auch seitens vieler Politiker – wird häufig der Eindruck vermittelt, dass die Ausweitung der Krise primär auf ein mangelndes Engagement der Problemländer zurückzuführen sei. Vor allem Griechenland wird vorgeworfen, keine wirklichen Anstrengungen zur Stabilisierung der Lage unternommen zu haben. Sind also doch die Patienten schuld, dass die Therapie versagt hat, und nicht diejenigen, die die Diagnose gestellt haben?

Die **Sparanstrengungen** eines Landes kann man am einfachsten an der Veränderung seines Haushaltsdefizits ablesen. Vergleicht man den Wert des Jahres 2012 mit dem des Jahres 2009, so lässt sich erkennen, dass kein Land so große Erfolge bei der Haushaltskonsolidierung verzeichnen konnte wie Griechenland. Es hat sein Defizit um 8,6 Prozentpunkte reduziert und liegt damit vor Irland und Portugal, die einen Abbau um 5,7 Prozentpunkte erreicht haben.

Ein noch besserer Indikator zur Beurteilung der Sparerfolge eines Landes ist der **um konjunkturelle Effekte bereinigte Haushaltssaldo** (Tabelle 3). Diese Größe trägt der Tatsache Rechnung, dass Steuererhöhungen und Ausgabenkürzungen, die zur Verbesserung der Haushaltslage beschlossen werden, die Konjunktur eines Landes negativ beeinflussen. Diese Nebenwirkung der Sparpolitik hat kontraproduktive Effekte, da die ungünstigere Wirtschaftsentwicklung die Steuereinnahmen reduziert und gleichzeitig zu höheren Staatsausgaben, insbesondere für die Arbeitslosenversicherung, führt. Und je stärker die Konjunktur einbricht, desto weniger kann man dann am tatsächlichen Budgetsaldo ablesen, wie viel ein Land gespart hat. Aus diesem Grund wird von vielen internationalen Institutionen der um konjunkturelle Effekte bereinigte Budgetsaldo errechnet und publiziert. Am Beispiel Griechenlands kann man den Unterschied deutlich erkennen. Während das tatsächliche Budgetdefizit von 2009 auf 2012 um 8,6 Prozentpunkte reduziert wurde, hat sich das um konjunkturelle Effekte bereinigte Defizit sogar um 14 Prozentpunkte verbessert. Von 2009 bis 2012 hat der griechische Staat seine Ausgaben (ohne Zinsausgaben) um 22 Prozent reduziert. In gleichem Umfang wurden auch die Löhne für Staatsbedienstete gesenkt. Die staatlichen Ausgaben für Güter und Dienstleistungen wurden um rund ein Drittel gekürzt. Mit einem Minus von 12 Prozent wurden die Sozialleistungen etwas weniger zusammengestrichen, aber bei der stark zunehmenden Arbeitslosigkeit sind hier die Spielräume begrenzt.

Der Vergleich mit anderen Ländern lässt die griechischen Bemühungen noch eindrucksvoller wirken. Bei der Rückführung des um konjunkturelle Effekte bereinigten

Defizits folgen mit deutlichem Abstand auf dem zweiten und dritten Platz Portugal (6,7 Prozentpunkte) und Spanien (4,7 Prozentpunkte). Bei diesem Indikator wird also deutlich, dass man keinem der Problemländer vorwerfen kann, es habe sich nicht konsequent genug um die Stabilisierung seines Staatshaushalts bemüht. Dies zeigt insbesondere der Vergleich mit Japan und den Vereinigten Staaten, die sich nur wenig um die Rückführung des Defizits bemüht haben. Interessant ist dabei auch die fiskalische Situation Italiens. Ausweislich seines konjunkturbereinigten Budgetsaldos ist die Haushaltslage Italiens im Jahr 2012 sogar besser als die des Musterschülers Deutschland. Wenn man diese Daten kennt, erscheint es schon erstaunlich, wenn in der aktuellen Diskussion eine Unterstützung der Problemländer durch die EZB oder durch Formen einer gemeinschaftlichen Haftung mit dem Argument abgelehnt wird, dass diese Länder erst einmal ihre Hausaufgaben erledigen müssten.

Tabelle 3: Budgetsalden wichtiger Volkswirtschaften

	Veränderung tatsächlicher Budgetsaldo (2012–2009)	Veränderung konjunkturbereinigter Budgetsaldo (2012–2009)	Niveau tatsächlicher Budgetsaldo (2012)	Niveau konjunkturbereinigter Budgetsaldo (2012)
Deutschland	2,5	0,7	–0,7	–0,6
Euro-Raum	3,2	2,5	–3,2	–2,0
Frankreich	3,1	2,0	–4,5	–3,1
Griechenland	8,6	14,0	–7,0	–4,5
Irland	5,7	4,6	–8,3	–6,0
Italien	2,8	2,5	–2,6	–0,5
Japan	0,5	–1,4	–9,9	–8,8

	Veränderung tatsächlicher Budgetsaldo (2012–2009)	Veränderung konjunkturbereinigter Budgetsaldo (2012–2009)	Niveau tatsächlicher Budgetsaldo (2012)	Niveau konjunkturbereinigter Budgetsaldo (2012)
Kanada	1,1	–0,4	–3,8	–3,0
Portugal	5,7	6,7	–4,5	–2,1
Spanien	4,2	4,7	–7,0	–5,0
UK	2,3	4,2	–8,1	–5,5
USA	4,8	1,6	–8,2	-6,3

Quelle: IWF, Fiscal Monitor Update July 2012

Fehlte es an der Bereitschaft zu Strukturreformen?

Allerdings sieht der »Berliner Konsens« neben der Haushaltskonsolidierung gleichzeitig umfassende »strukturelle Reformen« vor. Wie schon erwähnt, handelt es sich dabei neben Rentenreformen und Reformen am Arbeitsmarkt um eine Fülle überwiegend kleinteiliger Maßnahmen, deren Bedeutung für die gesamtwirtschaftliche Dynamik schwer abzuschätzen ist. Es ist deshalb sehr verdienstvoll, dass sich die OECD, die sich besonders engagiert für strukturelle Reformen einsetzt, darum bemüht hat, einen Indikator für die Umsetzung solcher Maßnahmen zu entwickeln.[1]

Für die in den Jahren 2010 und 2011 gegenüber der Periode 2008/2009 vorgenommenen Reformen stellt dieser Indikator den Problemländern des Euro-Raums ein erstaunlich gutes Zeugnis aus (Schaubild 11). Wie schon bei der Haushaltskonsolidierung liegt Griechenland klar an der Spitze. Auf den Plätzen zwei und drei folgen Spanien und Irland. Deutschland schneidet am schlechtesten von allen OECD-Ländern ab, was zu der ketzerischen Frage Anlass geben könnte, ob es für das Wirtschaftswachstum wirklich sinnvoll ist, sich den Empfehlungen der OECD anzuschließen.

Schaubild 11: Indikator für die Umsetzung strukturpolitischer Maßnahmen in den Jahren 2010/2011 gegenüber 2008/2009

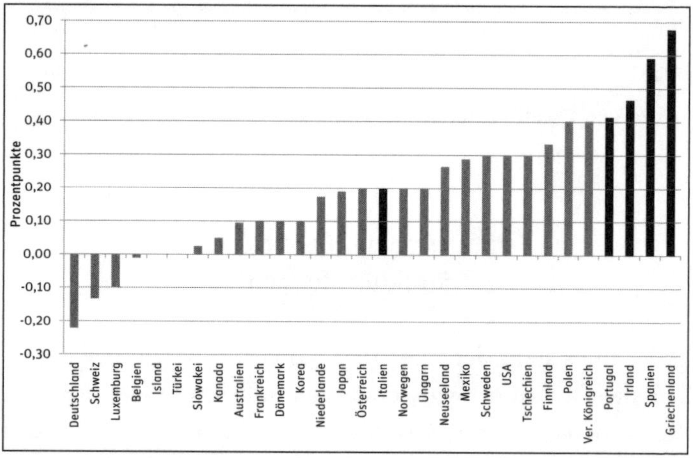

Quelle: OECD (2012), S. 26

Bedauerlicherweise findet man in den ansonsten äußerst informativen und detaillierten Länderberichten der Troika keinerlei ähnlich komprimierte Analysen zum Stand der Strukturreformen in den Problemländern.

Insgesamt betrachtet spricht somit wenig dafür, dass es Griechenland, Irland, Italien, Portugal und Spanien grundsätzlich an der Bereitschaft gefehlt hat, die Haushaltskonsolidierung energisch anzugehen und auch die notwendigen Strukturreformen in Angriff zu nehmen. Natürlich ist es immer eine Frage des halbvollen oder des halbleeren Glases. Aber wir sollten uns in Deutschland der Tatsache bewusst sein, dass wir bei einigen der strukturellen Indikatoren der OECD nicht besonders gut abschneiden. So ist Deutschland beim Kündigungsschutz für reguläre Beschäftigungsverhältnisse auf individueller wie kollektiver Basis weitaus rigider als Griechenland. Das Gleiche gilt für die Zugangsbeschränkungen zu freien Berufen.

2.
Systemische Probleme wurden übersehen

Wenn bis heute alle Versuche, die Währungsunion zu stabilisieren, immer tiefer in die Krise geführt haben, lässt sich dies somit nicht einfach mit einer mangelnden Kooperationsbereitschaft der Krisenländer erklären. Das Scheitern aller Rettungsbemühungen ist vielmehr darauf zurückzuführen, dass die Diagnose der Krise und dementsprechend auch die Therapie eindimensional auf das Problem der Staatsverschuldung abzielten. Völlig übersehen wurde bei dieser Fokussierung insbesondere die systemische Natur der Krise, die neben individuellen Anstrengungen auch eine solidarische, also systemische Antwort erfordert. Nichts verdeutlicht diese Fehldiagnose mehr als der von Finanzminister Schäuble gerne zitierte Goethe-Spruch: »Ein jeder kehre vor seiner Tür, und rein ist jedes Stadtquartier«, der lange Zeit die Fahrzeuge der Freiburger Stadtreinigung schmückte.

»Bond-run« als besondere Herausforderung der Währungsunion

Die **systemische Natur** der Krise wird am besten deutlich, wenn man die aktuelle Situation Italiens und Großbritanniens vergleicht. Während das Vereinigte Königreich im Jahr 2012 ein Haushaltsdefizit von 8,1 Prozent aufweist, liegt Italien bei nur 2,6 Prozent und ist damit nach Deutschland das zweitstabilste G7-Land. Gegenüber dem Vorjahr hat Italien seinen Fehlbetrag um 1,3 Prozentpunkte reduzieren können, im Vereinigten Königreich waren es nur 0,5 Prozentpunkte. Doch anders, als das von manchen naiven Marktgläubigen erwartet worden war, haben die Märkte Italiens Konsolidierungsbemühungen in keiner Weise honoriert. Während sich Großbritannien zu einem historischen Niedrigzins von 1,5 Prozent langfristig finanzieren kann, muss Italien dafür mehr als 6 Prozent bezahlen. Und auch im intertemporalen Vergleich ist nicht zu erkennen, dass die Finanzmärkte bereit gewesen wären, Italien durch sinkende Zinsen zu belohnen. Im Gegenteil: Ende Juni 2011 war der Zinsaufschlag gegenüber langfristigen deutschen Anleihen mit 1,8 Prozentpunkten wesentlich geringer als im Herbst 2012. Und das, obwohl in der Zwischenzeit der schillernde Silvio Berlusconi von dem äußerst preußisch wirkenden und zugleich ökonomisch hochkompetenten Mario Monti abgelöst worden war.

Schaubild 12: Zinsen für langfristige Anleihen

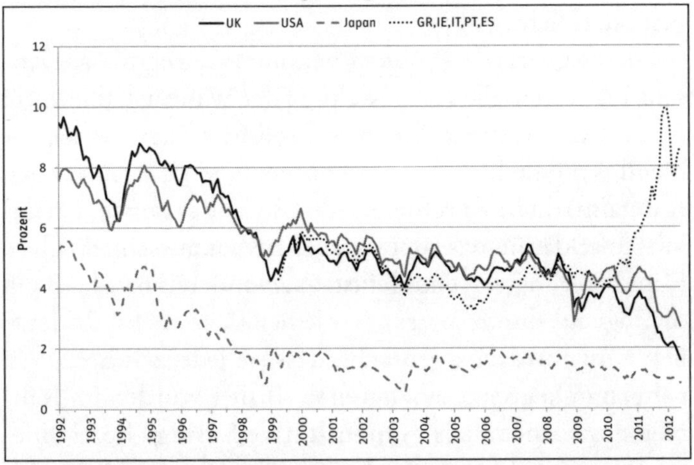

Als Erklärung für Problemländer (GR, IE, IT, PT, ES): Durchschnitt der Renditen von Griechenland, Irland, Italien, Portugal und Spanien, gewichtet mit dem Anteil des jeweiligen Landes am Gesamtschuldenstand dieser Länder im Jahr 2010. Quelle: Sachverständigenrat

Anders als beim »Berliner Konsens« unterstellt, haben die Märkte in der aktuellen Krise als Zuchtmeister von Staaten ähnlich versagt wie schon in den Jahren 2000 bis 2007. Während sie damals in einen tiefen Schlaf verfallen waren, sind sie heute so hypernervös, dass sie den fundamentalen Daten von Volkswirtschaften kaum noch Beachtung schenken. Das zeigt sich nicht zuletzt daran, dass Irland recht hoch in der Gunst der Märkte steht, obwohl es von allen Problemländern nach wie vor das höchste Defizit aufweist. Die dominante Rolle, die den Finanzinvestoren in der aktuellen Krisenstrategie zugewiesen wird, ist ohnehin nur schwer nachzuvollziehen, wenn man sich der Tatsache bewusst wird, dass ein Großteil der Probleme Irlands und Spaniens durch gravierende Fehlentscheidungen eben dieser Akteure hervorgerufen wurde. Es ist geradezu absurd, wenn die Banken, deren Rettung die Staaten in eine Finanzierungskrise gestürzt hat, nun mit ihren Anlagenentscheidungen darüber abstimmen sollen, ob dieselben Staaten ausreichend gespart und reformiert haben oder nicht.

Dieses generelle Problem bekommt durch die spezifische institutionelle Ausgestaltung der Währungsunion ein besonderes Gewicht. Wenn es Großbritannien heute problemlos möglich ist, sich zu sehr niedrigen Zinsen auf den Kapitalmärkten zu refinanzieren, so ist das zum einen damit zu erklären, dass der englische Staat ausschließlich in Pfund Sterling verschuldet ist. Zum anderen hat die Bank of England durch massive Anleihenkäufe mehr als deutlich zum Ausdruck gebracht, dass sie jederzeit bereit ist, nahezu unbegrenzt einzugreifen. Bisher wurden im Rahmen des vornehm als **»Quantitative Easing«** bezeichneten Programms Staatsanleihen im Wert von 375 Milliarden Pfund Sterling erworben, was etwa einem Viertel des Bruttoinlandsprodukts Großbritanniens entspricht. Auf den Euro-Raum bezogen würde das einem Betrag von rund 2,4 Billionen Euro entsprechen. Das ist fast das Zehnfache der bisher von der EZB im Rahmen ihrer Wertpapierankaufsprogramme erworbenen Titel. Damit ist für die Investoren klar, dass sie bei englischen Staatsanleihen mit 100-prozentiger Sicherheit damit rechnen können, dass sie den Betrag, den sie dem Staat geliehen haben, wieder zurückbekommen.

Im Fall **Italiens** – wie auch eines jeden anderen Mitgliedslands der Währungsunion – ist das völlig anders. Mit dem Eintritt in die Währungsunion werden alle ausstehenden Staatsschulden eines Landes in Euro umgewandelt. Italien verfügt jedoch nicht mehr über eine Notenbank, die in der Lage wäre, im Zweifel unbegrenzt fällige Staatsanleihen aufzukaufen. Dies kann nur die Europäische Zentralbank, die sich jedoch, anders als die Bank of England, bisher nicht zu massiven Interventionen zugunsten italienischer Staatsanleihen bereit finden konnte. Im Gegensatz zum Vereinigten Königreich ist der italienische Staat damit prinzipiell einem Insolvenzrisiko ausgesetzt. Analog zum »bank-run« besteht daher in der Währungsunion die Gefahr des **»bond-run«**. Es kann jederzeit zu einer kollektiven Flucht der Anleger aus Staatsanleihen eines Landes kommen, welcher der betroffene Staat ähnlich hilflos gegenübersteht wie Banken, deren Einleger in kollektiver Panik eine sofortige Barauszahlung aller Guthaben fordern. Die Insolvenz würde in einer Situation eintreten, bei der Italien neue Anleihen emittiert, um damit fällige Anleihen zurückzubezahlen. Finden sich nicht genügend Käufer für die neu emittierten italienischen Papiere, können die ausstehenden Forderungen nicht bedient werden.

Die Mitgliedschaft in der Währungsunion bringt es also mit sich, dass ein Land faktisch in einer **fremden Wäh-**

rung verschuldet ist, das heißt einer Währung, die es selbst nicht drucken kann. Es befindet sich damit in einer ähnlichen Situation wie ein Entwicklungs- oder Schwellenland, das in der Regel kaum in der Lage ist, Investoren für Anleihen in seiner Landeswährung zu finden. In der wirtschaftswissenschaftlichen Literatur wird die Fremdwährungsverschuldung aufgrund der damit einhergehenden Risiken häufig als »Erbsünde« oder »original sin« bezeichnet.

Über viele Jahre hinweg waren sich die Anleger dieses spezifischen Risikos kaum bewusst. Dazu haben nicht zuletzt die Regeln für die Banken- und Versicherungsaufsicht beigetragen, wonach Staatsanleihen aller europäischen Länder grundsätzlich als sicherstes Aktivum galten, für das dementsprechend keinerlei Risikovorsorge erforderlich war. Mit dem Ausbruch der Krise in Griechenland wurde erstmals erkennbar, dass auch bei Staatsanleihen von Mitgliedsländern des Euro-Raums mit einem Ausfallrisiko zu rechnen ist. Die offizielle Bestätigung dafür bekamen die Investoren im Oktober 2010 von Angela Merkel und Nicolas Sarkozy. Die deutsche Kanzlerin und der französische Staatspräsident verkündeten der Öffentlichkeit bei einem Treffen in Deauville, dass bei Finanzierungsproblemen von Mitgliedsstaaten der Währungsunion grundsätzlich eine **Beteiligung des Privatsektors** möglich sei. Konkret: Man muss sich als Inhaber einer Staatsanleihe darauf einstellen, dass man am Ende der Laufzeit nicht immer den vollen Rückzahlungsbetrag zurückerhält. Das war ein schwerer Schock für die besonders auf Sicherheit bedachten Investoren wie beispielsweise Versicherungen und Pensionsfonds; denn damit wurde ihnen offiziell bestätigt, dass Staatsanleihen keine zu 100 Prozent sicheren Anlagen mehr sind. Zudem sahen die in dieser Zeit entwickelten Pläne für den neu zu errichtenden ESM (Europäischer Stabilitätsmechanismus) vor, dass neue Staatsanleihen der Mitgliedsländer eine »collective action clause« aufweisen sollten. Eine solche Klausel ermöglicht es im Insolvenzfall, Lösungen zu finden, die auch für Gläubiger gelten, die sich nicht an den Umschuldungsverhandlungen beteiligen. Der belgische Ökonom Paul de Grauwe hat zu Recht darauf hingewiesen, dass solche Klauseln bisher nur für Staatsanleihen von Entwicklungsländern vorgesehen waren.[2]

So verloren im Laufe des Jahres 2010 die Staatsanleihen der meisten Mitgliedsländer des Euro-Raums ihren Nimbus als absolut sichere Anlage. Durch diese fundamentale Neueinschätzung sind seither die öffentlichen Emittenten der Euroländer in sehr viel stärkerem Maße als die anderer hoch entwickelten Staaten den schwer berechenbaren Stimmungen und selbstverstärkenden Prozessen der Finanzmärkte ausgesetzt: Wenn sich einzelne Anleger aufgrund bestimmter Informationen zum Beispiel dafür entscheiden, italienische Anleihen abzustoßen, sinken deren Kurse, und die Renditen steigen. Mit höheren Zinsen wird es für Italien bei seinem hohen Schuldenstand schwieriger, seine Staatsfinanzen zu stabilisieren. Das schreckt weitere Investoren ab, und die Zinsen steigen weiter. Jetzt treten die Rating-Agenturen auf den Plan und verkünden mit einem »Downgrade«, was eigentlich offensichtlich ist: Höhere Zinsen verschlechtern die Tragfähigkeit der öffentlichen Finanzen. Dadurch werden auch die verschlafeneren Anleger wach und trennen sich ebenfalls von italienischen Papieren. Dieser **perfekte Teufelskreis** wird in der wissenschaftlichen Literatur mit dem Begriff der »multiplen Gleichgewichte« belegt, da es von kleinen Ausgangsstörungen abhängen kann, ob sich ein solcher Prozess in Bewegung setzt oder nicht.

In einem solchen Umfeld ist die Forderung nach der

disziplinierenden Wirkung der Finanzmärkte ähnlich zu beurteilen, wie die Entscheidung, sein Kind bei Erziehungsproblemen in die Hände eines stadtbekannten Schlägers zu geben. Es hat bestimmt Respekt vor ihm, aber es muss ständig damit rechnen, ohne Grund grün und blau geschlagen zu werden.

Der Härtetest: Konsolidierung ohne flankierende Abwertung

Neben dem für ein hoch entwickeltes Land sonst nicht gegebenen Insolvenzrisiko haben die Mitgliedsländer des Euro-Raums noch mit einem zweiten Problem zu kämpfen, das ebenfalls speziell durch ihre Teilnahme an der Währungsunion bedingt ist. Aufgrund der gemeinsamen Währung steht ihnen die bei schweren Wirtschafts- und Finanzkrisen üblicherweise eingesetzte Therapie einer Abwertung der Landeswährung nicht zur Verfügung. Die Erfahrung verschiedener Krisenländer zeigt, dass dabei teilweise sehr hohe Dosen zum Einsatz kamen: So verlor die indonesische Rupie in der Asienkrise des Jahres 1997 rund drei Viertel ihres Werts gegenüber dem US-Dollar. Der argentinische Peso erfuhr 2001/2002 einen Wertverlust von 70 Prozent gegenüber dem US-Dollar. Die finnische Markka büßte Anfang der neunziger Jahre gegenüber der D-Mark rund 35 Prozent ein. Und die isländische Krone brach in den Jahren 2008/2009 gegenüber dem Durchschnitt der Währungen ihrer wichtigsten Handelspartner um rund die Hälfte ein.

Eine so starke Abwertung ist für die Bevölkerung schmerzhaft, da sich alle Importprodukte massiv verteuern. Doch zugleich erhöht sich dadurch die inländische wie die ausländische Nachfrage nach heimischen Gütern. Dieser positive Nachfrageimpuls ist ein wichtiges Gegengewicht zu den kontraktiven Effekten, die durch flankierende Steuererhöhungen und Sparprogramme im öffentlichen Sektor entstehen.

Da in der Währungsunion grundsätzlich keine Abwertung eines einzelnen Landes möglich ist, hatten Griechenland und alle folgenden Problemländer von vornherein besonders ungünstige Voraussetzungen für ihre schwierigen Anpassungsprogramme. Dementsprechend wäre es naheliegend gewesen, die unvermeidliche Konsolidierung zeitlich so zu strecken, dass ein allzu starker wirtschaftlicher Einbruch vermieden wird. Doch die Troika entschied sich für das Gegenteil und verpasste Griechenland ein Programm, von dem sie selbst sagt, der Umfang und das **»Frontloading«** (d.h. ein Zeitprofil, bei dem der größere Teil der Sparmaßnahmen in der Anfangsphase des Programms vorgenommen werden muss) seien in der Geschichte einmalig[3].

Als Beispiel für ein Land, das es trotz nationaler Währung ohne Abwertung geschafft hat, den Staatshaushalt zu konsolidieren, wird häufig **Lettland** genannt. Nach einem gewaltigen Immobilienboom hatte der baltische Staat einen sehr starken Einbruch der Wirtschaft erlebt. Obwohl Lettland die Möglichkeit gehabt hätte, seine Währung abzuwerten, hielt es seinen Wechselkurs zum Euro stabil, vor allem deshalb, weil sich die »Häuslebauer« – wie bereits erwähnt – in großem Stil in Euro und anderen fremden Währungen verschuldet hatten. Nimmt man den Zeitraum von 2007 bis 2012, unterscheidet sich der Einbruch bei der Beschäftigung und beim Bruttoinlandsprodukt in Lettland und Griechenland in seinem Ausmaß jedoch nur wenig. Allerdings ist bei Lettland in den beiden letzten Jahren wieder ein leichter Aufwärtstrend zu erkennen. Der entscheidende Vorteil Lettlands gegenüber Griechenland dürfte jedoch darin bestehen, dass seine öffentliche Verschuldung als Folge der Wirtschaftstransformation zu Beginn der neunziger Jahre, bei der die Staatsverschuldung gleichsam auf null gestellt wurde, ausgesprochen gering ist. Die Schuldenstandsquote lag vor der Krise bei nur 9 Prozent, jetzt steht sie bei 43,5 Prozent. Die Zinsausgaben des Staates liegen mit 1,7 Prozent, bezogen auf die Wirtschaftsleistung, weitaus geringer als in Griechenland (6,3 Prozent). Allein um den Zinsendienst aufbringen zu können, muss der griechische Staat also erheblich größere Sparanstrengungen unternehmen.

3.
Das infernalische Dreieck

Mit der eindimensionalen Fixierung auf die Haushaltskonsolidierung, dem naiven Glauben an die wohltuende Wirkung von Strukturreformen und dem völligen Ausblenden der systemischen Probleme hat der »Berliner Konsens« die Währungsunion in eine existenzbedrohende Situation geführt. Sie ist gekennzeichnet durch drei große Krisenherde, die sich wechselseitig immer mehr verstärken: eine Staatsschuldenkrise, eine Bankenkrise und eine makroökonomische Krise. Eine durchgreifende Lösung hierfür ist bisher nicht in Sicht.

Schaubild 13: Teufelskreis der Banken-, Staatsschulden- und makroökonomischen Krise

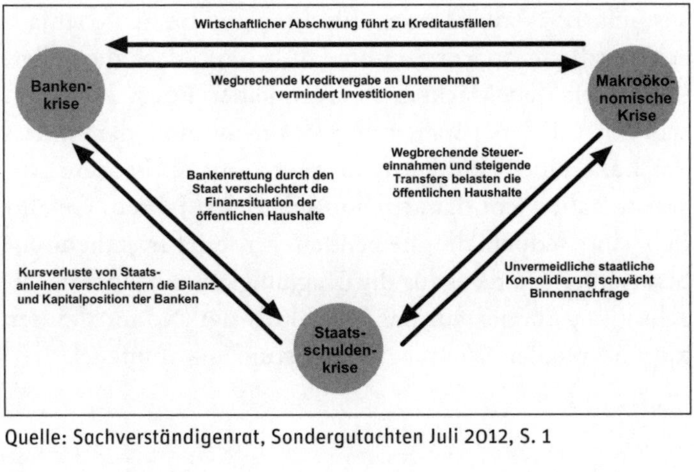

Quelle: Sachverständigenrat, Sondergutachten Juli 2012, S. 1

Die Staatsschuldenkrise

Aufgrund des zögerlichen Vorgehens der Politik gerieten in den beiden letzten Jahren immer mehr Mitgliedsländer des Euro-Raums in das Visier der Märkte. Obwohl ihre Neuverschuldung teilweise deutlich geringer war als in Japan, Großbritannien oder den Vereinigten Staaten, schwebte das Damoklesschwert einer möglichen Insolvenz durch bedrohlich steigende Zinsen über ihnen. Griechenland, Irland und Portugal flüchteten sich in dieser Situation unter einen Rettungsschirm. Die Bereitstellung von Finanzierungsmitteln war an strikte Sparprogramme geknüpft. In den Jahren 2010 und 2011 musste darüber hinaus auch noch ein Zinsaufschlag bezahlt werden – eine Maßnahme, um das Leben unter dem Schutz des EFSF möglichst unattraktiv zu gestalten und die Länder zu noch größeren Anstrengungen anzuspornen. Italien und Spanien haben den Schritt unter einen Rettungsschirm bisher gescheut, da sie die stigmatisierenden Effekte dieses »Hartz-IV für Staaten« fürchten. Sie setzten ebenfalls schmerzhafte Sparprogramme auf, ohne dass dies allerdings von den Märkten in irgendeiner Form honoriert worden wäre. Bei Italien liegt das nicht etwa daran, dass das Land eine Schuldenstandsquote von 120 Prozent aufweist. Italien lebt damit schon seit vielen Jahren. Gefährlich sind jedoch die steigenden Zinsen für italienische Staatsanleihen, da es für die Tragfähigkeit einer Staatsverschuldung immer auf das Verhältnis der Nominalzinsen zum nominalen Wirtschaftswachstum ankommt.

Eine einfache Formel zum Zusammenhang zwischen Schuldenstandsquote, Zinsen und nominalem Wirtschaftswachstum

Der für die langfristige Entwicklung der Staatsverschuldung entscheidende Zusammenhang zwischen Schuldenstandsquote, Zinsen und nominalem Wirtschaftswachstum basiert auf einer einfachen Formel, bei der der Primärüberschuss, d. h. die Differenz zwischen den Einnahmen eines Landes und seinen Ausgaben (ohne Zinsausgaben), eine zentrale Rolle spielt. Der zur Stabilisierung einer gegebenen Schuldenstandsquote (d) erforderliche Primärüberschuss (p) ergibt sich aus der Differenz zwischen Nominalzins (i) und nominalem Wachstum (g), multipliziert mit der Schuldenstandsquote:

$$p = (i-g)*d$$

Bei einer Schuldenstandsquote von 120 Prozent, einem nominalen Wachstum des Bruttoinlandsprodukts von 3 und einem Nominalzins von 7 Prozent muss Italien somit einen Primärüberschuss von 4,8 Prozent erzielen, wenn es die Schuldenstandsquote konstant halten will. Bei einem Nominalzins von 4 Prozent beliefe sich der erforderliche Primärüberschuss auf lediglich 1,2 Prozent. Die Zusatzbelastung von 3,6 Prozentpunkten entspricht einem Betrag von 57 Milliarden Euro, der entweder über Steuererhöhungen oder Ausgabenkürzungen eingespart werden müsste.

Wenn man weiß, dass es für die Tragfähigkeit einer Staatsverschuldung auf die Differenz von Nominalzins und nominalem Wirtschaftswachstum ankommt, ist auch das beliebte Argument, Italien habe früher doch auch kein Problem mit hohen Zinsen gehabt, zu relativieren. In der ersten Hälfte der achtziger Jahre waren die Zinsen für italienische Anleihen sehr hoch, aber Italien konnte auch zweistellige Zuwachsraten des nominalen Bruttoinlandsprodukts verzeichnen. Als dann die Inflationsrate allmählich zurückging – und damit auch die Zuwachsrate des nominalen Bruttoinlandsprodukts –, verharrten die Zinsen lange Zeit auf einem weiterhin hohen Niveau. In dieser Phase schoss jedoch die Schuldenstandsquote dramatisch nach oben. Während sie 1985 noch 80 Prozent betragen hatte, lag sie zehn Jahre später bei 121 Prozent. Die hohen Zinsen waren in dieser Phase also eine entscheidende Ursache für den nahezu unkontrollierten Anstieg der italienischen Staatsverschuldung, unter der Italien heute so sehr leidet.

Der massive Druck der Märkte zwang die Staaten somit, Sparprogramme aufzulegen, ohne dabei auf die konjunkturelle Verfassung ihrer Wirtschaft Rücksicht nehmen zu können. Dies lässt sich am Beispiel Italiens und Spaniens gut verdeutlichen. Im Sommer 2011 erwartete der IWF für Spanien einen Anstieg des Bruttoinlandsprodukts um 1,6 Prozent im Jahr 2012, für Italien rechnete man mit 1,3 Prozent. Dabei wurde unterstellt, dass das konjunkturbereinigte Defizit in Spanien um 0,6 Prozentpunkte reduziert würde, in Italien um 0,7 Prozentpunkte. Unter dem wachsenden Druck der Märkte verstärkten beide Länder im Herbst 2011 ihre Konsolidierungsanstrengungen. Die Defizitreduktion in Spanien erhöhte sich auf 2,3 Prozentpunkte, in Italien auf 2,2 Prozentpunkte. Das Ergebnis ließ nicht lange auf sich warten. In beiden Ländern brach das Wirtschaftswachstum ein, für 2012 wird jetzt mit einem Rückgang des Bruttoinlandsprodukts in Spanien um 1,5 Prozent und in Italien um 1,9 Prozent gerechnet. In beiden Volkswirtschaften hat sich eine handfeste Rezession breitgemacht.

Die makroökonomische Krise oder Brüning lässt grüßen

Die makroökonomische Krise ist somit in erster Linie ein Reflex der durch die Staatsschuldenkrise erzwungenen Konsolidierung. Besonders gravierend sind die Auswirkungen in Griechenland, dem die Sparprogramme von außen diktiert wurden. Zum Schaden des Landes waren die restriktiven Wirkungen der Konsolidierung von der Troika erheblich unterschätzt worden. So hatten die Experten noch im Juli 2011 damit gerechnet, dass es in Griechenland nach einem vorübergehenden Rückgang des Bruttoinlandsprodukts um 3,9 Prozent bereits 2012 wieder zu einem leichten Wachstum von 0,6 Prozent kommen würde. Tatsächlich brach die Wirtschaft 2011 um 6,9 Prozent ein, für 2012 ist ein weiterer drastischer Rückgang von mindestens 5 Prozent zu erwarten.

Die gravierenden makroökonomischen Auswirkungen der Sparprogramme sind vor allem damit zu erklären, dass an ihnen auch dann noch festgehalten wurde, als längst offensichtlich war, dass das betreffende Land in die Rezession geraten war. Weil es dadurch zu massiven Einnahmeausfällen kam und gleichzeitig Mehrausgaben für die Arbeitslosen erforderlich waren, mussten die Länder sogar noch mehr sparen. Man spricht dabei auch von einer **prozyklischen Politik,** da sie den Abschwung noch verstärkt.

Im Jahr 2012 lässt sich eine solche destabilisierende Ausrichtung der Fiskalpolitik in allen Problemländern beobachten. Es ist dabei schon erstaunlich, dass sich kaum jemand daran stört, wenn damit genau das Gegenteil dessen betrieben wird, was in allen gängigen Lehrbüchern der Makroökonomie gelehrt wird. Und es ist noch erstaunlicher, dass gerade in Deutschland die Gefahren einer prozyklischen Politik so wenig präsent sind. Anfang der dreißiger Jahre hatte der damalige Reichskanzler Heinrich Brüning mit genau dieser Politik den ökonomischen und später politischen Zusammenbruch Deutschlands herbeigeführt.

Mangelnde Symmetrie der Sparmaßnahmen

Die negative Wucht der Sparprogramme ist teilweise auch damit zu erklären, dass die Troika bei ihren Therapievorschlägen eine klare **Präferenz für Ausgabenkürzungen** hat, nicht für Steuererhöhungen. Nach Berechnungen der OECD[4] sind bei den Konsolidierungsprogrammen in Spanien, Irland und Portugal rund 90 Prozent der Einsparungen auf der Ausgabenseite zu verzeichnen; bei Griechenland sind es »nur« 52 Prozent. Der weitgehende Verzicht auf Steuererhöhungen ist schon deshalb erstaunlich, weil es sich vor allem bei Irland und Spanien um Volkswirtschaften handelt, bei denen der Staat im Vergleich zum Durchschnitt des Euro-Raums nur sehr geringe Einnahmen erzielt. Gravierender jedoch ist, dass die negativen Nachfragewirkungen von Ausgabenkürzungen sehr viel höher sind als die Effekte von Steuererhöhungen. Dies wird durch eine aktuelle Studie des IWF bestätigt, die übrigens generell vor den Gefahren des von der Troika geforderten »Frontloading« bei Konsolidierungen warnt.[5] Sie zeigt, dass die Haushaltskonsolidierung in einer Rezession grundsätzlich mit hohen negativen Nachfrageimpulsen einhergeht. Wenn aufgrund des Drucks der Finanzmärkte ein Sparprogramm dennoch unvermeidlich sei, sollten dabei Steuererhöhungen im Zentrum stehen, nicht Ausgabenkürzungen.

Dass in gesamtwirtschaftlich schwierigen Zeiten Steuererhöhungen hilfreich sein können, belegt die Finanzierung der deutschen Einheit unter Helmut Kohl. Der damalige Bundeskanzler hatte keine Bedenken, durch den Solidaritätszuschlag den **Spitzensteuersatz auf 56 Prozent** anzuheben. Ein interessantes Modell für eine faire Lastenverteilung nach großen Schocks ist auch der deutsche **Lastenausgleich** nach dem Zweiten Weltkrieg. Er diente zur finanziellen Unterstützung von Menschen, die durch den Krieg besonders große Verluste erlitten hatten. Finanziert wurde er durch eine einmalige Abgabe in Höhe von 50 Prozent des Vermögenswertes, der zum 21. Juni 1948 errechnet wurde. Die Zahlung konnte in dreißig Jahresraten zu jeweils 1,67 Prozent des Betrages geleistet werden. Durch die Streckung über dreißig Jahre konnte der Ausgleichsfonds überwiegend aus laufenden Vermögenserträgen bezahlt werden, ohne dass die Betroffenen ihre Vermögenssubstanz angreifen mussten. Durch die Inflation wurde die Steuerlast im Laufe der Zeit zusätzlich gemindert. In einer Studie von Bach (2012) werden noch andere historische Beispiele für einmalige Vermögensabgaben aufgeführt.[6]

Es hätte also unterschiedliche Möglichkeiten gegeben, die Konsolidierung in den Problemländern deutlich stärker über Steuererhöhungen zu finanzieren. Dies wäre nicht nur mit geringeren negativen Nachfrageimpulsen einhergegangen, es hätte auch zu einer größeren sozialen Akzeptanz der Sparprogramme beigetragen. Die Präferenz der Troika für Ausgabenkürzungen dürfte damit zu erklären sein, dass ihre Ökonomen die mit niedrigen Steuern verbundenen Leistungsanreize auf längere Sicht für bedeutsamer einschätzen als die damit kurzfristig einhergehenden konjunkturellen Bremseffekte. In Anbetracht der fatalen Folgen einer immer weiter eskalierenden Euro-Krise gilt leider der bekannte Ausspruch von John Maynard Keynes: »In the long run we are all dead.«

Die Bankenkrise

Steigende Zinsen für Staatsanleihen und eine immer ungünstigere konjunkturelle Entwicklung stellen eine schwere Belastung für die Banken des Euro-Raums dar, insbesondere aber für die Finanzinstitute in den Ländern, die besonders vom Zusammenbruch des Immobilienmarktes betroffen waren. Der Vertrauensverlust gegenüber den Staatsanleihen der Problemländer hatte gravierende Folgen für ihr Finanzsystem, da Banken und Versicherungen traditionell hohe Bestände an Staatsanleihen halten. So befanden sich Ende des Jahres 2010 von der gesamten Staatsverschuldung des Euro-Raums in Höhe von 7,8 Billionen Euro allein 2,7 Billionen im Bankensystem des Währungsraums und weitere 1,2 Billionen bei Versicherungen und Pensionskassen. Rund 0,7 Billionen waren in den Portfolios von Investmentfonds, bei denen Versicherungen wiederum hohe Geldbeträge anlegen.

Schaubild 14: Staatsverschuldung im Finanzsystem des Euro-Raums

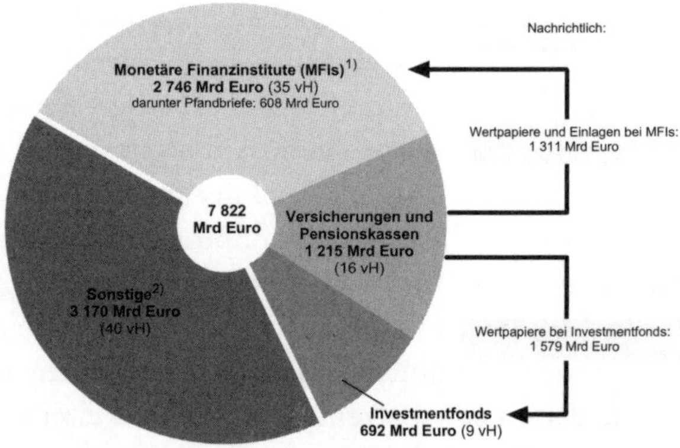

1) Kredite an und Wertpapiere von öffentlichen Haushalten.– 2) Nicht im Finanzsystem des Euro-Raums; im Wesentlichen gehalten von Nicht-Finanzinstituten im Euro-Währungsgebiet und Nicht-Ansässigen im Euro-Währungsgebiet.

Quelle: Sachverständigenrat, Jahresgutachten 2011/12, Schaubild 21.

Die Erosion des scheinbar sicheren Kerns ihrer Aktiva beschädigte die Kreditwürdigkeit dieser Institutionen so stark, dass es für sie immer schwieriger wurde, sich bei privaten Investoren zu refinanzieren. Erschwerend kommt durch die Diskussion über einen Austritt Griechenlands aus dem Euro hinzu, dass die Anleger neben dem Risiko einer Bankinsolvenz jetzt auch noch die Gefahr eines Auseinanderbrechens der Währungsunion im Blick haben. Die wachsende Verunsicherung führte und führt zu einer immer stärkeren Kapitalflucht aus diesen Ländern. Die Stabilität der davon betroffenen Banken konnte nur gesichert werden, indem ihnen die EZB im Dezember 2011 und im März 2012 mit zwei langfristigen und ungewöhnlich umfangreichen Refinanzierungsgeschäften unter die Arme griff. Über drei Jahre lang können sich die Banken von der EZB Geld zum Leitzins leihen – eine Maßnahme, die EZB-Präsident Mario Draghi in einem Interview als »Dicke Bertha« bezeichnete. So hieß während des Ersten Weltkriegs das Geschütz mit dem größten Kaliber.

Der Anteil der EZB an der gesamten Refinanzierung der Banken in den Problemländern nimmt also immer mehr zu. In den Bilanzen der Notenbank finden diese Prozesse ihren Niederschlag in den sogenannten TARGET2-Salden der einzelnen Mitgliedsnotenbanken. Es handelt sich bei TARGET (**T**rans-European **A**utomated **R**eal-time **G**ross Settlement **E**xpress **T**ransfer System) primär um ein System für Zahlungen zwischen den Banken der Mitgliedsländer des Euro-Raums. Über viele Jahre hinweg wiesen diese Salden keine größeren Werte auf. Das änderte sich mit der Euro-Krise, die zu einem dramatischen Anstieg der Salden führte. Der positive Saldo der Bundesbank ist mittlerweile auf über 700 Milliarden Euro in die Höhe geschnellt. Dem stehen beunruhigend hohe

Defizitsalden vor allem Italiens und Spaniens gegenüber. Für beide Länder lässt sich zeigen, dass die TARGET2-Salden weitgehend den Netto-Kapitalabflüssen entsprechen.

Schaubild 15: Zusammenhang von Netto-Kapitalabflüssen und TARGET2-Salden

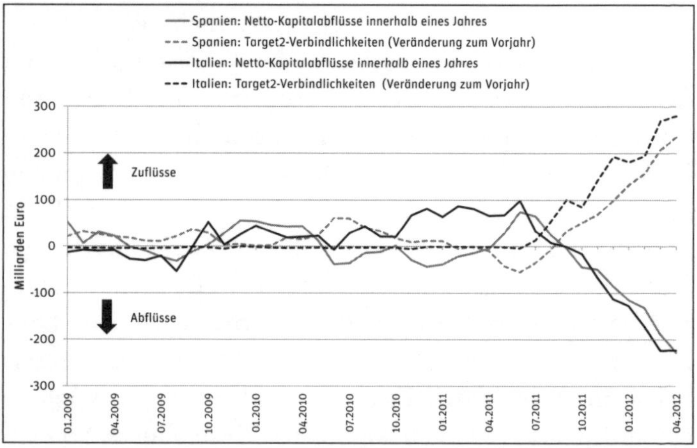

Quelle: IWF, Global Financial Stability Review, Update July 2012, Figure 3.

TARGET2-Salden

Die Mechanik der TARGET2-Salden kann man wie folgt erklären: Nehmen wir an, die Commerzbank habe eine Million Euro für ein Jahr an Unicredit verliehen. Bei der Fälligkeit entscheidet sie sich, den Betrag nicht erneut bei Unicredit anzulegen, sondern eine Rückzahlung zu fordern. Damit Unicredit diese Forderung bedienen kann, nimmt die Bank eine Überweisung an die Commerzbank zu Lasten ihres Kontos bei der italienischen Notenbank vor. Diese überweist nun eine Million Euro auf ein Konto, das die Commerzbank bei der Deutschen Bundesbank unterhält. Die Commerzbank hat somit eine Forderung gegenüber Unicredit in eine Forderung der Bundesbank getauscht. Unicredit wiederum erhält seine Refinanzierung jetzt nicht mehr von der Commerzbank, sondern von der italienischen Notenbank.

Beispiel für TARGET2-Salden in der Bilanzdarstellung

Vorher

Commerzbank		Bundesbank		Banca d'Italia		Unicredit	
1 Mio. Euro Kredit an Unicredit	1 Mio. Euro Einlage von Privaten Haushalten					1 Mio. Euro Kredite an Unternehmen	1 Mio. Euro Kredit von Commerzbank

Nachher

Commerzbank		Bundesbank		Banca d'Italia		Unicredit	
1 Mio. Euro Forderung an Bundesbank	1 Mio. Euro Einlage von Privaten Haushalten	1 Mio. Euro TARGET2-Forderung	1 Mio. Euro Einlage von Commerzbank	1 Mio. Euro Kredit an Unicredit	1 Mio. Euro TARGET2-Verbindlichkeit	1 Mio. Euro Kredite an Unternehmen	1 Mio. Euro Kredit von Banca d'Italia

Die Deutsche Bundesbank hat höhere Einlagen von der Commerzbank, denen im Prinzip eine Forderung an die italienische Notenbank gegenüberstehen würde. Im Rahmen der Währungsunion wird die Forderung der Bundesbank jedoch als TARGET2-Forderung gegenüber dem gesamten System der beteiligten Notenbanken verbucht. Dementsprechend wird auch die Verbindlichkeit der Banca d'Italia nicht als Verbindlichkeit gegenüber der Bundesbank, sondern als eine TARGET2-Verbindlichkeit verbucht, die wiederum gegenüber der EZB besteht. Im Ergebnis weist die italienische Notenbank auf der Aktivseite ihrer Bilanz jetzt höhere Refinanzierungskredite gegenüber den italienischen Banken auf. Dem entspricht auf der Passivseite ihrer Bilanz eine TARGET2-Verbindlichkeit gegenüber der EZB. So gesehen sind die TARGET2-Salden in erster Linie ein Substitut für Kredite zwischen den Geschäftsbanken der Währungsunion, die zu normalen Zeiten wie ein System kommunizierender Röhren für den Liquiditätsausgleich zwischen den Geschäftsbanken sorgen.

Die rasch steigenden TARGET2-Salden sind somit ein deutliches Symptom für eine zunehmende Vertrauenskrise in die Finanzsysteme der Problemländer. Die von Hans-Werner Sinn erhobene Forderung, durch eine Ausgleichspflicht in der Form »sicherer, marktfähiger Wertpapiere« eine quantitative Obergrenze für diese Salden einzuführen, würde in kürzester Zeit das Ende der Währungsunion einläuten, da bei Erreichen der Grenze keine Überweisungen innerhalb der Währungsunion mehr möglich wären. Da dies von den Anlegern antizipiert würde, käme es unmittelbar nach der Bekanntgabe einer solchen Beschränkung zu einer so starken Kapitalflucht aus Italien und Spanien, dass der Tod des Euro dann sehr schnell eintreten würde. Völlig unklar ist zudem, wie sich Italien oder Spanien »sichere Wertpapiere« in Höhe von rund 500 Milliarden Euro oder mehr beschaffen sollten.

Es ist das Verdienst von Hans-Werner Sinn, nach einem entsprechenden Insider-Tipp durch den früheren Bundesbank-Präsidenten Helmut Schlesinger frühzeitig auf diese Problematik hingewiesen zu haben. Allerdings hat er dabei auch recht irreführende Aussagen in die Debatte eingebracht. Dies gilt insbesondere für die einprägsame Formulierung: »Im Süden laufen die Druckerpressen heiß, und die Bundesbank hat ihre Pressen gegen Schreddermaschinen eingetauscht.«[7]

Doch wie das hier beschriebene Beispiel verdeutlicht, kommt es durch die TARGET2-Finanzierung nicht zu höheren monetären Beständen in den Problemländern. Wenn die Refinanzierung einer Geschäftsbank durch eine Notenbank-Refinanzierung ersetzt wird, bleiben die Notenbank-Guthaben der Banken in den Problemländern insgesamt unverändert und auch die Geldbestände von Unternehmen und Privatpersonen werden davon nicht tangiert. Diese würden nur dann ansteigen, wenn die

Banken aufgrund der TARGET2-Finanzierung ihre Kreditvergabe ausweiten würden. Hier ist in allen Problemländern jedoch schon seit längerem ein Rückgang des Kreditvolumens zu konstatieren. Von einer »exzessiven Geldschöpfung«[8] kann also keine Rede sein. Und es trifft auch nicht zu, wenn von Ökonomen wie Sinn der Eindruck erweckt wird, dass wegen der TARGET2-Kredite an Problemländer nun weniger Kredite an deutsche Unternehmen vergeben würden: »Indem die Bundesbank den Kredit nicht über eine deutsche Geschäftsbank an ein deutsches Transportunternehmen vergibt, sondern über das europäische Zentralbankensystem und eine griechische Geschäftsbank an ein griechisches Unternehmen, wird der LKW an das griechische statt an das deutsche Transportunternehmen geliefert. (…) Aber es muss natürlich nicht ein Kredit in Deutschland entzogen werden. Es kann irgendeine andere Kreditverwendung in Deutschland und der Welt sein. Es kann sein, dass andere Investitionen in Deutschland zurückgedrängt werden (…).«[9]

Solange die EZB bereit ist, Refinanzierungskredite an Banken ohne quantitative Begrenzung zu vergeben, kann es nie zu einer solchen Verdrängung kommen. In der aktuellen Situation ist es sogar so, dass deutsche Unternehmen von der Kapitalflucht nach Deutschland profitieren, da dadurch die Kreditzinsen auf ein extrem niedriges Niveau gesunken sind. Und natürlich wird auch in Deutschland kein Geld »geschreddert«. Wenn die Commerzbank in diesem Beispiel einen Interbankenkredit gegenüber Unicredit gegen ein Guthaben bei der Bundesbank eintauscht, nimmt vielmehr die deutsche Geldbasis zu, die sich aus dem Bargeld und den Guthaben der Geschäftsbanken bei der Bundesbank zusammensetzt.

Die gesamte Argumentation von Hans-Werner Sinn leidet darunter, dass er zwar ein wichtiges Symptom identifiziert hat, seine Lösungen sich aber alle auf die Symptom-Therapie beschränken und dabei Gefahr laufen, die Situation noch zu verschlimmern; dazu gehört auch sein Plädoyer für den Austritt einzelner Mitgliedsländer aus dem Euro. Dazu später mehr. Die TARGET2-Salden werden sich jedenfalls erst dann wieder zurückbilden, wenn ein klares und glaubhaftes Bekenntnis aller Mitgliedsländer zum Fortbestand der Währungsunion abgegeben wird, das die Bereitschaft zu einer stärkeren fiskalischen Integration unbedingt voraussetzt.

Die aus all diesen Gründen schwache Verfassung der Banken in den Peripherie-Ländern hat ihrerseits wieder negative Rückwirkungen auf die makroökonomische Situation. Wenn Banken mit Verlusten auf der Aktivseite kämpfen und gleichzeitig höheren Eigenkapitalforderungen nachkommen müssen, besteht für sie in der Regel die einfachste Lösung darin, die Aktivseite zu verkürzen. Man bezeichnet das auch als **»deleveraging«** (d. h. eine Verminderung des Fremdkapital-Hebels), da damit die Relation des Eigenkapitals zu den Aktiva erhöht wird, während die Relation des Fremdkapitals (mit dem das Eigenkapital »hoch-gehebelt« wird) abnimmt. Diese Entwicklung kann man an den rückläufigen Kreditbeständen der Banken in den Problemländern deutlich erkennen.

Im infernalischen Dreieck spielt auch die Wechselbeziehung zwischen Banken und Staat eine wichtige Rolle. Der negative Einfluss von steigenden Renditen und damit sinkenden Wertpapierkursen auf die Bankbilanzen ist bereits angesprochen worden. Er hat sich durch die Politik der »Dicken Bertha« leider noch verstärkt, da vor allem spanische Banken einen Teil der ihnen zur Verfügung gestellten Mittel zum Ankauf von inländischen Staatsanleihen verwendet haben. Umgekehrt stellt die instabile Verfassung des heimischen Finanzsektors eine wachsende Belastung für die Staaten dar. Da sie nach wie vor allein für die Stabilität ihrer Finanzinstitute haften, haben – wie das Beispiel Spanien verdeutlicht – ungünstige Nachrichten aus dem Bankensektor unmittelbar negative Auswirkungen auf ihre Beurteilung durch die Marktteilnehmer.

IV.
Handlungsoptionen zum Erhalt der Währungsunion

Je länger diese sich wechselseitig destabilisierenden Kräfte anhalten, desto stärker werden die Fliehkräfte, die die Existenz der Währungsunion bedrohen. Nachdem diese Prozesse schon sehr weit fortgeschritten sind, wird eine nachhaltige Stabilisierung des Euro dementsprechend einen großen politischen Kraftakt erfordern.

Es dürfte keinen Zweifel geben, dass der Versuch gescheitert ist, die Krise innerhalb des gegebenen institutionellen Rahmens in den Griff zu bekommen. Dazu hätte es von vornherein eines Ansatzes bedurft, der sich mit allen Kräften um eine Eindämmung der Situation in Griechenland bemüht und dabei immer darauf geachtet hätte, die Sicherheit der Staatsanleihen des Euro-Raums nicht in Frage zu stellen. Es wird jeden Tag offensichtlicher, dass die in den beiden letzten Jahren verfolgte Politik des »Durchwurstelns« zu einem immer größeren ökonomischen wie politischen Flurschaden führt. Während die Volkswirtschaften in den Problemländern immer mehr in Rezession, Depression und Arbeitslosigkeit versinken und dies dort vor allem dem Diktat aus Berlin zugeschrieben wird, wächst in der deutschen Öffentlichkeit der Unmut über die zunehmende direkte wie indirekte Haftung für Länder, die scheinbar unwillig sind, die notwendigen Reformen energisch anzugehen.

Mit anderen Worten: Es bedarf also eines grundlegenden Kurswechsels. Dieser Kurswechsel muss von der Einsicht bestimmt sein, dass die mit dem Vertrag von Maastricht beschlossene Architektur der Währungsunion durch die Erschütterungen der Finanzkrise nicht mehr tragfähig ist. Wenn die mit der Gründung der EZB und der Einführung des Euro vollzogene monetäre Integration eine Zukunft haben soll, wird man um eine stärkere fiskalpolitische Integration nicht herumkommen. Hierin könnte bei allen Problemen der aktuellen Krise auch eine große Chance bestehen. Der Blick in den Abgrund eines unkontrollierten Auseinanderbrechens der Währungsunion könnte bei allen Beteiligten die Bereitschaft fördern, nationale Egoismen zugunsten eines gemeinsamen, solidarischen Vorgehens zurückzustellen.

In der deutschen Öffentlichkeit begegnet man dem Projekt einer intensiveren fiskalischen Integration mit großer Skepsis. Die ist durchaus berechtigt, denn jede Form einer engeren Kooperation, sei es ein Unternehmenszusammenschluss oder eine Ehe, ist mit Risiken behaftet. Aber man sollte sich gleichzeitig der Tatsache bewusst sein, dass der Verzicht auf einen solchen Schritt nach vorn aller Wahrscheinlichkeit nach den Rückschritt zu einer nationalen Währung bedeutet. Mit allen Konsequenzen.

Im Folgenden soll zunächst aufgezeigt werden, wie man sich eine Stabilisierung der Währungsunion auf kurze und auf mittlere Sicht vorstellen kann. Danach wird die Frage diskutiert, ob Zwischenlösungen wie eine Teilung in einen Nord- und einen Süd-Euro oder der temporäre Austritt einzelner Länder (im Rahmen eines Systems fester, aber anpassungsfähiger Wechselkurse wie dem Europäischen Wechselkurssystem II) möglich sind. Abschließend werden die Vor- und Nachteile analysiert, die sich für Deutschland aus einer Rückkehr zur D-Mark ergeben würden.

1.
Der kurzfristige Lösungsansatz oder die Überwindung des infernalischen Dreiecks

Wenn der Euro die nächsten Monate überleben soll, muss zunächst alles getan werden, um das infernalische Dreieck zu überwinden. Da dies sehr schnell geschehen muss, können dafür nur Handlungsoptionen zum Tragen kommen, die sich innerhalb des geltenden institutionellen Rahmens bewegen. Um die Stabilisierung der Währungsunion auch auf eine nachhaltige institutionelle Basis zu stellen, müssen parallel zu den kurzfristigen Maßnahmen unmittelbar jene Schritte eingeleitet werden, die für einen grundlegenden Umbau der Währungsunion erforderlich sind.

Wenn man die wechselseitige Eskalation von Staatsschuldenkrise, Bankenkrise und makroökonomischer Krise stoppen will, müsste man mit der makroökonomischen Krise beginnen. Ein Ende der Rezession, die Wiedergewinnung von Wirtschaftswachstum, ist die wichtigste Voraussetzung für eine Stabilisierung sowohl der Staatsschulden als auch des Bankensystems. Oder anders formuliert: Je mehr Staaten in die Rezession geraten,

- desto ungünstiger entwickelt sich die Schuldenstandsquote, die ja als Bruch definiert ist, bei dem im Zähler die Staatsverschuldung und im Nenner das nominale Bruttoinlandsprodukt steht, und
- desto instabiler wird die Situation der Banken, da mit

steigender Arbeitslosigkeit und zunehmenden Unternehmensinsolvenzen immer mehr Kredite notleidend werden.

Prozyklische Politik stoppen

In einer idealen Welt würde man in Anbetracht der ausgeprägten Rezession in diesen Ländern nach umfangreichen Konjunkturprogrammen rufen. Da dies aktuell nahezu ausgeschlossen ist, wäre schon viel erreicht, wenn die Regierungen darauf verzichten würden, in diesem und im nächsten Jahr noch weitere einschneidende Sparmaßnahmen umzusetzen. Immerhin würden so die Fehler Heinrich Brünings nicht wiederholt. Kurzfristig kann es dabei zu höheren Defiziten kommen, aber wenn man damit vermeiden könnte, dass Italien und Spanien in eine ähnlich desolate Situation wie Griechenland geraten, wäre viel gewonnen. Das Beispiel Griechenlands zeigt dabei zugleich, dass überzogenes Sparen zu einem besonders starken Anstieg der Schuldenstandsquote führen kann. Das heißt nicht, dass man auf die Konsolidierung grundsätzlich verzichten soll, aber man sollte damit warten, bis die Volkswirtschaften der Peripherie-Länder wieder Tritt gefasst haben.

Für ein solches Vorgehen spricht auch die bereits erwähnte IWF-Studie von Batini et al. (2012). Danach ist die Wahrscheinlichkeit, dass eine Konsolidierung, die in einem Abschwung begonnen wird, diesen vertieft oder verlängert, doppelt so hoch wie die Wahrscheinlichkeit, dass eine Konsolidierung, die in einem Aufschwung eingeleitet wird, zu einem Abschwung führt.

Kurzfristig kann nur die EZB die Stabilität der Finanzmärkte sichern

Doch unter den gegenwärtigen Bedingungen würde ein temporäres Aussetzen weiterer Spar- und Kürzungsprogramme mit großer Wahrscheinlichkeit zu einer noch größeren Panik auf den Finanzmärkten führen. Deshalb wäre ein solcher – unter konjunkturpolitischen Aspekten dringend gebotener – Schritt nur dann möglich, wenn er mit einer umfassenden Absicherung gegenüber Marktstörungen verbunden ist.

Die mit dem EFSF und dem ESM bestehenden Rettungsfazilitäten wären dafür unzureichend. Allein Italien und Spanien weisen bis zum Jahr 2014 einen Refinanzierungsbedarf von rund einer Billion Euro auf. Dem steht ein maximales Volumen der kombinierten Fazilitäten von 500 Milliarden Euro gegenüber. Beim ESM stellt sich zudem das Problem, dass er in Abhängigkeit der geleisteten Bareinzahlungen sein volles Finanzierungsvolumen erst im Laufe der nächsten 18 Monate aufbauen wird.

In der aktuellen Situation ist kurzfristig somit nur die Europäische Zentralbank in der Lage, die notwendige Absicherung auf den Finanzmärkten zu gewährleisten. Konkret müsste sie dazu eine Obergrenze für die Renditen spanischer und italienischer Anleihen vorgeben. In Anbetracht der Tatsache, dass sich Japan, das Vereinigte Königreich und die Vereinigten Staaten trotz teilweise sehr viel höherer Defizite zu langfristigen Zinsen von 1 bis 1,5 Prozent finanzieren können, sollte die Obergrenze für Italien und Spanien nicht über 4 Prozent liegen. Ebenso wenig wie die kurzfristigen Leitzinsen einer Notenbank dauerhaft festgeschrieben sind, sollte eine solche Zinsobergrenze für langfristige Anleihen nicht starr, sondern flexibel sein.

Wie bei allen Zentralbank-Interventionen auf Finanzmärkten stellt sich auch hier die Frage, in welchem Umfang die EZB aktiv werden müsste. Dies hängt entscheidend davon ab, für wie glaubhaft die Ankündigung einer Notenbank angesehen wird. Gehen die Investoren davon aus, dass damit die zukünftigen Kursverluste bei italienischen und spanischen Staatsanleihen begrenzt sind, wäre es für sie ein schlechtes Geschäft, solche Papiere an die EZB zu verkaufen und dafür deutsche Anleihen mit einer sehr viel geringeren Rendite zu erwerben oder gar den Erlös in der unverzinslichen Einlagenfazilität der EZB zu parken. So gesehen wäre es durchaus möglich, dass es nur vergleichsweise geringer Wertpapierankäufe durch die EZB bedürfte, um die Situation zu stabilisieren. Aber auch große Interventionsvolumina wären kein Unglück. Vielmehr würde die EZB sogar Gewinne machen, da sie verzinsliche Anleihen erwerben würde, denen in ihrer Bilanz zusätzliche Notenbank-Guthaben der Banken gegenüberstünden, die derzeit eine Verzinsung von null aufweisen. Auch das Ausfallrisiko wäre begrenzt, da Italien und Spanien – wie bereits gesagt – bei einem Zinssatz von 4 Prozent keine Probleme mit der Tragfähigkeit ihrer Verschuldung hätten.

Für Deutschland würde eine glaubhafte Intervention der EZB bedeuten, dass sich die extrem niedrigen Renditen für öffentliche Anleihen wieder auf ein normales Niveau zubewegen würden. Das wäre aus Sicht des Finanzministers nachteilig, aus Sicht der deutschen Lebensversicherungen und damit von Millionen von **Altersvorsorge-Sparern** wäre es ein dringend gebotener Befreiungsschlag. Wenn die Renditen für deutsche Anleihen dauerhaft in der Nähe von 1 Prozent verharrten, würden sämtliche Renditeversprechungen von Riester- und Rürup-Renten obsolet. Auch die betriebliche Altersvorsorge könnte so in eine bedrohliche Schieflage geraten.

Der Forderung nach Interventionen der EZB am Kapitalmarkt wird häufig entgegnet, dass solche Transaktionen nicht mit ihrem Mandat zu vereinbaren seien. Nach Artikel 127 des Vertrags über die Arbeitsweise der Europäischen Union ist die EZB primär dem **Ziel der Geldwertstabilität** verpflichtet. Dieses Ziel muss jedoch symmetrisch verstanden werden, das heißt, eine Inflation ist volkswirtschaftlich ebenso schädlich wie eine Deflation. Wenn es nicht bald gelingt, das »infernalische Dreieck« zu überwinden, so dass die Arbeitslosenrate des Euro-Raums, die sich mit mehr als 11 Prozent ohnehin schon auf einem historisch hohen Niveau bewegt, noch weiter ansteigt, können die deflationären Kräfte leicht die Oberhand gewinnen. So gesehen ist alles, was die EZB zur Vermeidung einer Deflation im Euro-Raum unternimmt, durch ihr primäres Mandat vollständig abgedeckt.

Wertpapierkäufe widersprechen ebenfalls nicht dem Vertrag über die Arbeitsweise der Europäischen Union. Artikel 123 verbietet lediglich den **unmittelbaren Erwerb von Staatsanleihen,** nicht aber den mittelbaren Erwerb über den Kapitalmarkt. Ein Vergleich mit der Federal Reserve, der Bank of England und der Bank of Japan zeigt zudem, dass alle großen Notenbanken in den letzten Jahren in großem Umfang auf den Kapitalmärkten aktiv geworden sind. Diese als »quantitative Lockerung« bezeichnete Politik der englischen und der amerikanischen Notenbank zielt zum einen darauf ab, die schwache Investitionsbereitschaft der Unternehmen durch niedrige Renditen für Geldanlagen zu stärken. Zum anderen soll damit auch den Staaten geholfen werden, deren Verschuldung durch die Stützungsaktionen zugunsten des Privatsektors stark angestiegen ist. Die Volumina dieser Intervention sind außerordentlich hoch. Wie die Bank of England hält auch die amerikanische Notenbank einen großen

Bestand an Staatsanleihen in ihrem Portfolio; der aktuelle Bestand von 1,6 Billionen US-Dollar entspricht rund 11 Prozent des US-amerikanischen Bruttoinlandsprodukts. Würde man die Relation der Bank of England (von rund 25 Prozent) beziehungsweise der Federal Reserve auf den Euro-Raum übertragen, ergäben sich bei einem BIP von 9,4 Billionen Euro Anleihebestände in Höhe von rund 2,4 Billionen beziehungsweise einer Billion Euro. Im Rahmen ihres Ankaufprogramms für Staatsanleihen hat die EZB bisher lediglich 211 Milliarden Euro eingesetzt.

Von deutscher Seite ist zu hören, dass Wertpapierkäufe einer Notenbank nicht mit den stabilitätspolitischen **Grundprinzipien der Deutschen Bundesbank** zu vereinbaren seien. Ein Blick in die 5. Auflage des Lehrbuchs *Einführung in die Geldpolitik* von Otmar Issing aus dem Jahr 1993 zeigt indes, dass die Bundesbank in ihrer Geschichte immer wieder auf dem Kapitalmarkt aktiv geworden ist. Eine erste Intervention mit einem Volumen von 1,3 Milliarden DM fand im Rezessionsjahr 1967 statt. Issing kommentiert das auf Seite 93 seines Buches wie folgt: »Hinter dieser Maßnahme stand die Absicht, die Kapitalmarktzinsen unmittelbar und schneller herunterzudrücken, als dies bei einem ›Umweg‹ über Operationen am Geldmarkt erreichbar schien.«

In deutlich größerem Maße griff die Bundesbank in der Rezession des Jahres 1975 ein. Sie erwarb von Juli bis Oktober langfristige Papiere im Wert von 7,6 Milliarden DM. Und sie hat – wie Issing berichtet – solche Operationen in der Folgezeit wiederholt. Insgesamt findet man in Issings Lehrbuch zwar durchaus gewisse Bedenken gegenüber diesem Vorgehen. Eine Notenbank könne so leicht in Gefahr kommen, »indirekt zum gefügigen Kreditgeber des Staates zu werden«. Aber er stellt auch klar und deutlich fest, dass es der Bundesbank »nicht untersagt (sei), als

Ausdruck ihrer eigenen geldpolitischen Entscheidung staatliche Schuldverschreibungen anzukaufen«[1].

Insgesamt steht die EZB heute vor der Aufgabe, die Rolle des **lender of resort** in vollem Umfang wahrzunehmen. Dabei handelt es sich um eine klassische Notenbank-Funktion im Falle von Bankenkrisen. Sie wurde erstmals von dem britischen Ökonomen Walter Bagehot (1826–1877) für die Bank of England im Falle eines »bankrun« formuliert. Da die Banken bei einer kollektiven Panik, die zu einem massenhaften Abzug von Bankeinlagen führt, nicht in der Lage sind, diesen Prozess zu stoppen, muss die Notenbank die Lage stabilisieren, indem sie umfassende Kredite an die Banken vergibt. »Lend freely« lautet Bagehots Maxime, die er in seinem berühmten Buch *Lombard Street* formulierte, für diesen Fall.

Heute haben wir es neben einem schleichenden, aber nicht minder problematischen Abzug von Bankeinlagen zugleich mit der Gefahr eines **»bond-run«** zu tun, also einer kollektiven Panik bei den Investoren von Staatsanleihen. Aufgrund der bereits erwähnten institutionellen Bedingungen der Währungsunion sind die Länder dagegen ähnlich hilflos wie die Banken bei einem klassischen »bank-run«.

Die Rolle der EZB bei der Stabilisierung der Banken

Wenn es gelingen würde, die konjunkturelle Abwärtsspirale zu stoppen und durch Anleihekäufe der EZB den Wert der Staatsanleihen zu stabilisieren, wäre schon ein sehr wichtiger Beitrag zur Lösung der Probleme des Finanzsektors in den Peripherie-Ländern geleistet. Aber es ist durchaus nicht auszuschließen, dass es dennoch zu größeren Verlusten bei spanischen oder italienischen Banken kommt. Unter den derzeitigen Verhältnissen gibt es zwar die Möglichkeit, dass der EFSF zur Rekapitalisierung von Banken Mittel bereitstellt, diese werden jedoch als Verbindlichkeit des betreffenden Staates gewertet. Der im Juni 2012 von Spanien gestellte Antrag auf EFSF-Hilfe zur Bankenrekapitalisierung hat deshalb auch nicht zur Beruhigung der Märkte beigetragen. Die Risikoprämie für Spanien stieg nach einem kurzen Rückgang weiter an.

Bei der Rekapitalisierung von Banken geht es vor allem um die **Frage der Systemrelevanz.** Wenn der Zusammenbruch spanischer Banken dazu führte, dass es über Domino-Effekte zum Kollaps von Banken in Frankreich und Deutschland kommt, wäre es da sinnvoll, die Bankenrettung dem spanischen Staat zu überlassen, der dazu nicht mehr in vollem Umfang in der Lage ist? In diesem Punkt erweisen sich die Ökonomen-Aufrufe vom Juli 2012 als erstaunlich naiv. In dem von Walter Krämer initiierten und mittlerweile von über 270 Wissenschaftlern unterzeichneten Aufruf ist zu lesen: »Banken müssen scheitern dürfen. Wenn die Schuldner nicht zurückzahlen können, gibt es nur eine Gruppe, die die Lasten tragen sollte und auch kann: die Gläubiger selber, denn sie sind das Investitionsrisiko bewusst eingegangen, und nur sie verfügen über das notwendige Vermögen.«[2]

Und in dem von Frank Heinemann organisierten Gegenaufruf, den bisher rund 190 Professoren unterzeichnet haben, heißt es: »Gläubiger maroder Banken müssen für ihre riskanten Einsätze haften, so dass die Abwicklung von Banken weitestgehend ohne Steuermittel auskommen kann.«[3]

Das ist zwar im Prinzip völlig richtig, aber wenn der Gläubiger einer Bank selbst eine Bank ist, die in der Regel über eine Eigenkapitalquote von lediglich 2 oder 3 Prozent verfügt, kann sich daraus sehr leicht eine **systemi-**

sche Krise entwickeln. Banken verfügen derzeit eben leider nicht über »das notwendige Vermögen«, um Verluste aus der Insolvenz einer anderen Bank abfedern zu können.

Den betroffenen Staaten würde es sehr viel leichter fallen, ihre Banken aus eigener Kraft zu stabilisieren, wenn sie nicht mehr damit rechnen müssten, dass die damit einhergehende zusätzliche Staatsverschuldung zu einem erneuten Anstieg ihrer Risikoprämie führt, die dann ihrerseits mit zusätzlichen Verlusten der Banken einhergeht. Eine Stabilisierung der Anleiherenditen durch die EZB könnte dazu beitragen, dass der gefährliche Prozess aus Problemen im Bankensektor, einer höheren Staatsverschuldung und steigenden Risikoprämien unterbunden wird.

Eine direkte Finanzierung von Banken durch den EFSF, die auf dem Gipfel vom 28./29. Juni 2012 zwar grundsätzlich ins Auge gefasst, dann aber davon abhängig gemacht wurde, dass erst einmal eine gemeinschaftliche Bankenaufsicht etabliert wird, wäre dann auf kurze Sicht nicht mehr erforderlich.

Wie man es also dreht und wendet, auf kurze Sicht führt kein Weg an der EZB vorbei. Sie allein ist in der Lage, das Überleben des Euro in den nächsten Monaten zu sichern. Das ist sicher keine ideale Situation, es wäre besser, die Absicherung der Staaten gegenüber den Finanzmärkten über eine Form der gemeinsamen Haftung vorzunehmen. Doch das ist vor allem auch ein Versäumnis der deutschen Politik. Obwohl mit großer Wahrscheinlichkeit damit zu rechnen war, dass die Krise früher oder später auf die beiden großen Länder Spanien und Italien übergreifen würde, hat man sich auf den von seinem Volumen viel zu geringen EFSF und ESM beschränkt.

Es ist nachzuvollziehen, wenn die EZB heute für ihre Interventionen die **Rückendeckung der Politik** sucht. Allerdings gibt es dafür keine zwingende Notwendigkeit. Der ehemalige EZB-Präsident, Jean-Claude Trichet, hat mit dem Ankaufsprogramm vom Sommer 2011 gezeigt, dass eine unabhängige Notenbank hierfür keine Genehmigung durch die Regierungen des Euro-Raums benötigt. Es wäre jedenfalls gefährlich, wenn die politische Absicherung dazu führt, dass die Aktionen der EZB nicht so umfangreich ausfallen wie benötigt und dass dabei insbesondere den Märkten gegenüber der Eindruck erweckt wird, dass der eigentlich unbegrenzte Handlungsspielraum der Notenbank an Grenzen stoßen kann.

Es ist legitim, sich aus grundsätzlichen Erwägungen gegen ein Eingreifen der EZB zu stellen. Aber man sollte dann auch so mutig sein, die damit verbundenen Konsequenzen klar auszusprechen und das Ganze nicht auch noch als Beitrag zur Rettung des Euro zu verkaufen. Die EZB nimmt derzeit faktisch die Funktion einer gigantischen **Herz-Lungen-Maschine** für ein völlig dysfunktionales Finanzsystem wahr. Wenn man dafür plädiert, diese abzustellen, nimmt man damit billigend ein chaotisches Ende der Währungsunion in Kauf.

Man muss also die damit verbundenen Konsequenzen sorgfältig abwägen gegen die Risiken, die mit einer umfassenden Stützung der Märkte für Staatsanleihen durch die EZB verbunden sind: In der Regel wird das größte Risiko darin gesehen, dass ein umfangreicher Ankauf von Staatsanleihen zu einer **Inflation** führt. In der Tat ist es in der Geschichte immer wieder dazu gekommen, dass die Finanzierung hoher Staatsdefizite zu Inflation geführt hat. Auf der anderen Seite kann man am Beispiel Japans sehen, dass eine Wirtschaft selbst bei massiven Interventionen der Notenbank am Kapitalmarkt (in den Jahren 2001 bis 2004 erreichten diese eine Höhe von rund 6 bis 7 Prozent des Bruttoinlandsprodukts) über Jahre hinweg von deflationären Tendenzen beherrscht sein kann.

Wenn die EZB in der aktuellen Situation Staatsanleihen erwirbt, kommt es für die Banken zu einem Tausch von unsicheren Anleihen mit hoher Verzinsung gegen Notenbank-Guthaben mit niedriger Verzinsung. Der Zinsverlust ist damit als eine Versicherungsprämie gegen weitere Kurseinbußen bei Staatsanleihen zu sehen. Wie bei jeder Versicherung wird damit niemand bereichert, so dass davon auch keine expansiven Impulse für die Wirtschaftsaktivität des Euro-Raums ausgehen. Ein Eingreifen der EZB hätte nur dann inflationäre Effekte, wenn sich die Staaten dadurch veranlasst sähen, in den nächsten Jahren so expansive Ausgabenprogramme und Steuersenkungen zu initiieren, dass es zu einer wirtschaftlichen Überhitzung des Euro-Raums kommt. Sollten derartige Fehlentwicklungen tatsächlich eintreten, hätte die EZB neben ihrer klassischen Zinspolitik die Möglichkeit, durch den Verkauf von Staatsanleihen die langfristigen Zinsen nach oben zu treiben. Sie könnte damit eine besonders restriktive geldpolitische Linie fahren.

Die bei Staatsanleihe-Käufen von Notenbanken nicht grundsätzlich auszuschließenden und auch nicht zu vermeidenden negativen Anreizeffekte sind allerdings der entscheidende Grund dafür, dass es sich bei solchen Eingriffen nur um temporäre, quasi intensivmedizinische Interventionen handeln darf. Sie sollten daher möglichst bald dadurch abgelöst werden, dass für die gesamte Währungsunion eine solidere Architektur gefunden wird.

2.
Mittel- und längerfristige Lösungen

Während auf kurze Sicht kein Weg an einer Stabilisierung des Euro-Raums durch die EZB vorbeiführt, sollte man mittel- und langfristig gleichwohl alles tun, um die traditionelle Trennung zwischen Geld- und Fiskalpolitik wiederherzustellen. Die Staatsfinanzierung darf keine Daueraufgabe der Notenbank werden. Will man dieses Ziel erreichen, muss man die schwierige Frage beantworten, wie das massiv gestörte Vertrauen der Investoren in die Staatsanleihen wichtiger Mitgliedsländer des Euro-Raums zurückgewonnen werden kann. Das Grundproblem besteht darin, dass ein Land aus eigener Kraft kaum noch in der Lage ist, die Märkte glaubhaft von seiner Solvenz zu überzeugen, nachdem diese sich des Insolvenzrisikos, das durch die Teilnahme an der Währungsunion geschaffen wurde, erst einmal bewusst geworden sind. Selbst bei konsequenten Konsolidierungsbemühungen werden die Schuldenstandsquoten der meisten Länder nur allmählich sinken. In Italien wird es Jahre dauern, bis diese Größe wieder unter der 100-Prozent-Marke liegen wird.

Es besteht also die Gefahr, dass es nach dem Auslaufen von Stabilisierungsmaßnahmen durch die EZB sehr bald wieder zu einer Aufspaltung der Anleihemärkte kommt, die für alle Mitgliedsländer fatal ist. Während in Italien und Spanien die ohnehin schwierige Konsolidierungsaufgabe durch überdurchschnittlich hohe Zinsen erschwert wird, profitiert in Deutschland allein der Finanzminister von den Niedrigzinsen; für die gesamte private Altersvorsorge wären langfristige Zinsen für deutsche Staatsanleihen in der Nähe von lediglich einem Prozent aber schlichtweg eine Katastrophe.

Ohne die Hilfe der EZB lässt sich diese Zweiteilung nur mit einer gemeinschaftlichen Haftung der Mitgliedsländer überwinden. In Deutschland reagiert die Öffentlichkeit äußerst allergisch auf derartige Vorschläge: Sie werden mit der Ausstellung eines Blankoschecks für eine undisziplinierte Haushaltspolitik in den Peripherie-Ländern gleichgesetzt, und der in diesem Zusammenhang stets präsente deutsche Steuerzahler sieht daraus resultierende erhebliche finanzielle Belastungen auf sich zukommen.

Der Schuldentilgungspakt des Sachverständigenrats

Ein Modell für eine gemeinsame Haftung, das international sehr große Beachtung gefunden hat und für das sich auch die Spitzen der SPD und der GRÜNEN ausgesprochen haben[4], ist der Schuldentilgungspakt des Sachverständigenrates. Er sieht eine **quantitativ und zeitlich begrenzte gemeinschaftliche Haftung** vor. Konkret soll den Mitgliedsländern des Euro-Raums die Möglichkeit eingeräumt werden, den Teil ihrer Verschuldung, der über die 60-Prozent-Grenze des Vertrags von Maastricht hinausgeht, über einen Fonds zu finanzieren, für den eine gemeinschaftliche Haftung übernommen wird. Insgesamt würde sich ein maximales Volumen von 2,6 Billionen Euro ergeben. Aufgrund seiner Größe und seiner hohen Schuldenstandsquote würde Italien mit 952 Milliarden Euro das höchste Finanzierungskontingent eingeräumt werden.

Schaubild 16: Maximales Volumen des Schuldentilgungsfonds im Euro-Raum (2018) in Milliarden Euro

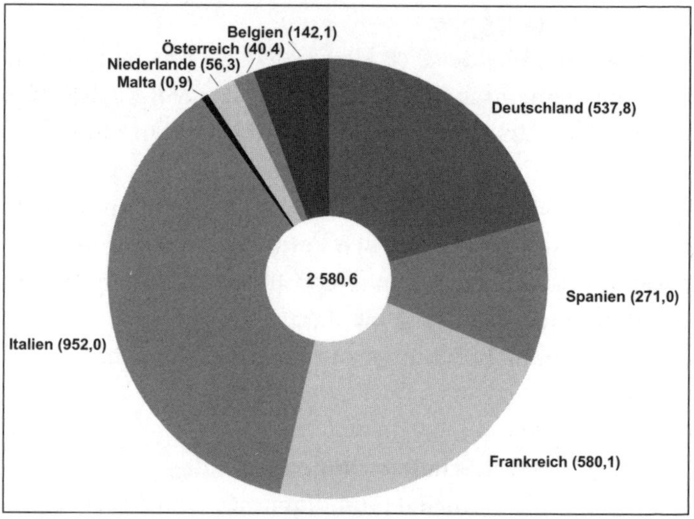

Quelle: Sachverständigenrat zur Begutachtung der gesamtwirtschaftlichen Entwicklung (2012), S. 19

Neben dieser quantitativen Begrenzung sieht der Schuldentilgungspakt vor, dass die gemeinschaftliche Haftung nur temporär eingegangen wird. Die Mitgliedsländer müssen sich verpflichten, die über den gemeinsamen Fonds finanzierten Anleihen über einen Zeitraum von 25 Jahren vollständig zu tilgen. Das Modell des Schuldentilgungspakts unterscheidet sich damit von anderen Konzepten einer Gemeinschaftshaftung dadurch, dass mittel- und langfristig wieder ein Zustand angestrebt wird, bei dem jedes Land allein für seine Staatsverschuldung haftet.

Beim **»blue bond / red bond«-Modell** von Delpla und Weizsäcker[5] wird ein diametral entgegengesetzter Ansatz vorgeschlagen. Danach soll die Verschuldung eines Landes bis zur 60-Prozent-Grenze gemeinschaftlich finanziert werden (»blue bonds«). Für die darüber hinausgehenden Verbindlichkeiten soll jedes Landes individuell haften (»red bonds«). Der Vorteil dieses Modells besteht darin, dass dauerhaft ein großes Volumen an sicheren Anleihen für die Währungsunion geschaffen wird, für die sowohl seitens der Banken und Versicherungen als auch der privaten Anleger eine hohe Nachfrage besteht.

Grundsätzlich ist bei allen Formen einer gemeinsamen Haftung darauf zu achten, dass diese nicht wie ein Freibrief wirken und so einer verantwortungslosen Fiskalpolitik Tür und Tor öffnen. Der Sachverständigenrat hat deshalb für den Schuldentilgungspakt **umfassende Sicherungsmechanismen** entwickelt. So sollen die Teilnehmerländer verpflichtet werden, Sicherheiten – insbesondere in Form von Währungsreserven – zu hinterlegen. Eine weitere Absicherung soll darin bestehen, dass die Teilnehmerländer Steuern definieren müssen, deren Erlöse ausschließlich für die Zins- und Tilgungszahlungen an den Fonds verwendet werden dürfen. Zudem setzt der Zugang zu den Mitteln des Schuldentilgungspakts voraus, dass sich die Teilnehmerländer an die Bestimmungen des Fiskalpakts sowie des Stabilitäts- und des Wachstumspakts halten.

Häufig wird der Nachteil einer gemeinschaftlichen Haftung darin gesehen, dass es dadurch zu **höheren Zinsen für deutsche Anleihen** kommen kann. Die niedrigeren Zinsen für Spanien oder Italien gingen also zu Lasten Deutschlands. Viele Kritiker sehen darin bereits den Einstieg in die Transferunion. Nüchtern betrachtet muss man allerdings feststellen, dass die Krise bisher zu einer Transferunion zugunsten Deutschlands und zu Lasten der Problemländer geführt hat. Langfristige Zinsen für Bundesanleihen von kaum mehr als einem Prozent bedeuten für Deutschland jährliche Zinsersparnisse in zweistelliger

Milliardenhöhe. Unter normalen Bedingungen wäre, wie bereits gesagt, bei einer Inflationsrate von knapp 2 Prozent ein langfristiger Zins von 4 Prozent durchaus angemessen.

Ökonomen des Ifo-Instituts haben eine jährliche Mehrbelastung für Deutschland von 47 Milliarden Euro für den Fall der Gemeinschaftshaftung errechnet.[6] Dabei haben sie unterstellt, dass sich der Zinssatz für Eurobonds als Durchschnitt der Marktzinsen der Mitgliedsländer des Euro-Raums ergibt. Damit ist jedoch nicht zu rechnen, da die Zinsen für die Anleihen eines einzelnen Landes wesentlich durch das Risiko der *individuellen* Insolvenz dieses Schuldners bestimmt werden. Genau dieses Risiko wird durch die Einführung von Eurobonds vollständig beseitigt. Für den Investor zählt jetzt nur noch das Risiko, dass der Euro-Raum insgesamt zahlungsunfähig wird. Dies ist allerdings aus zwei Gründen äußerst unwahrscheinlich:

- Zum einen würde eine Insolvenz des Euro-Raums bedeuten, dass Investoren grundsätzlich nicht mehr bereit sind, ihre Mittel in Eurobonds anzulegen. Doch was wäre die Alternative, insbesondere für Banken, Versicherungen oder Pensionsfonds, die gehalten sind, einen großen Teil ihrer Mittel in sicheren Anlagen zu investieren? Sie könnten dann nur noch amerikanische, englische oder japanische Anleihen erwerben, bei denen, wie in Kapitel 1 gezeigt wurde, die fiskalpolitischen Fundamentaldaten erheblich ungünstiger sind als im Euro-Raum. Zudem wären sie auch noch mit einem nicht unerheblichen Wechselrisiko konfrontiert. Die Märkte für Anleihen von Ländern, die als besonders sicher gelten, wie beispielsweise der Schweiz, wären wiederum viel zu gering, um den hohen Anlagebedürfnissen der institutionellen Investoren des Euro-Raums gerecht zu werden.

- Zum anderen würde bei gravierenden Störungen die EZB bereitstehen, die dann nicht mehr mit dem Problem konfrontiert wäre, mit ihren Interventionen auf den Anleihemärkten einem einzelnen Mitgliedsland unter die Arme greifen zu müssen. Durch die Schaffung von Gemeinschaftsanleihen wäre in dieser Hinsicht also eine ähnliche Situation hergestellt wie in den Vereinigten Staaten oder im Vereinigten Königreich.

Zieht man all das in Betracht, ist es im Fall einer entsprechend abgesicherten gemeinschaftlichen Haftung äußerst unwahrscheinlich, dass deutsche Sparer oder Rentner jemals für italienische oder spanische Anleihen haften müssten. Zum einen ist es für beide Länder überhaupt kein Problem, ihre Verschuldung jederzeit fristgerecht zu bedienen, wenn ihnen eine Finanzierung zu akzeptablen Zinsen ermöglicht wird. Zum anderen wird das Risiko der individuellen Zahlungsunfähigkeit durch die gemeinsame Haftung faktisch beseitigt.

Weitergehende fiskalische Integration

Der Schuldentilgungspakt ist so konzipiert, dass er gerade noch ohne eine grundlegende Reform des institutionellen Rahmens der Währungsunion in der Form eines völkerrechtlichen Vertrages umzusetzen wäre und dass er wohl auch eine Prüfung durch das Bundesverfassungsgericht bestehen würde.[7] Allerdings stellt sich die Frage, ob es nicht sinnvoll wäre, eine so weit reichende gemeinschaftliche Haftung nicht von vornherein auf eine umfassendere institutionelle Grundlage zu stellen.

Das Grundproblem aller Lösungen, die sich innerhalb der Grenzen des Status quo zu bewegen versuchen, besteht darin, dass sie die Möglichkeit der Übertragung von Souveränität auf die europäische Ebene ausschließen müssen. Dementsprechend kann die Disziplinierung von Staaten und die Sanktionierung von fiskalischem Fehlverhalten nur **im Rahmen von vertraglich vereinbarten Fiskalregeln** erreicht werden. Der Fiskalpakt ist hierfür das beste Beispiel. Die Schwierigkeit aller vertraglichen Lösungen besteht darin, dass sie bei Vertragsabschluss im Prinzip alle in Zukunft möglicherweise auftretenden Störungen antizipieren müssten, um das dafür jeweils angemessene Vorgehen zu bestimmen. Doch spätestens nach den Erfahrungen, die man seit dem Ausbruch der Finanzkrise im Juli 2007 sammeln konnte, weiß man, wie schwer vorhersehbar die wirtschaftlichen Entwicklungen geworden sind.

In der Wirtschaftswissenschaft befasst sich die **neue Institutionenökonomie** schon seit längerem mit den Problemen, die sich bei langfristigen Verträgen stellen. Diese durch den Nobelpreisträger Oliver Williamson stark geprägte Forschungsrichtung der Volkswirtschaftslehre hat sehr detailliert herausgearbeitet, welche Herausforderungen sich bei solchen »relationalen Verträgen« stellen. Und sie hat darauf hingewiesen, dass es sich dabei notwendigerweise um unvollständige Verträge (»incomplete contracts«) handeln muss, weil sie nicht alle in Zukunft auftretenden Kontingenzen angemessen berücksichtigen können.[8] Es wird dabei auch gezeigt, dass von den unvermeidbaren Lücken solcher Verträge Anreize für ein opportunistisches Verhalten eines Vertragspartners ausgehen können (»Ex-post-Opportunismus«). Hierfür werden nicht zuletzt die begrenzten Möglichkeiten gerichtlicher Lösungen verantwortlich gemacht. Eine Schlussfolgerung, die diese neue Institutionenökonomie zieht, ist, dass es in Anbetracht der Risiken langfristiger Verträge häufig dazu kommt, dass ein Vertragsabschluss unterbleibt oder aber anstelle der vertraglichen Lösung zwischen zwei autonomen Unternehmen eine Fusion vorgenommen wird, bei der anstelle der vertraglichen eine hierarchische Koordination möglich wird.

Auf die Europäische Währungsunion übertragen, bedeutet dies, dass man sich fragen muss, ob man in Anbetracht der enormen Unsicherheit, was die Zukunft angeht, nicht bereits an die Grenzen vertraglicher Lösungen gestoßen ist. Dem Unternehmenszusammenschluss in der neuen Institutionenökonomie würde hier eine weitergehende fiskalische und damit auch **politische Integration** entsprechen. Bisher wird diese Alternative in der Regel mit dem Argument vom Tisch gewischt, dass es in den meisten Ländern Europas, insbesondere in Frankreich, an der Bereitschaft fehle, nationale Souveränität auf die europäische Ebene zu übertragen. Doch der echte Test ist bisher noch ausgeblieben. Er könnte zum Beispiel darin bestehen, dass Deutschland den Partnerländern die Bereitschaft zu einer gemeinsamen Haftung anbietet – unter der Voraussetzung, dass diese substanzielle Elemente fiskalpolitischer Souveränität abtreten. Es spricht vieles dafür, dass ein solches Angebot am Ende auf breite Zustimmung stoßen würde, da die nationale fiskalische Souveränität bei genauem Hinsehen schon heute eine Schimäre ist.

Wenn François Hollande plötzlich auf die Idee käme, ein umfangreiches Konjunkturprogramm für Frankreich aufzulegen, würde er in kürzester Zeit mit unkontrolliert steigenden Risikoprämien für französische Anleihen konfrontiert werden, so dass er eine solche Option von vornherein nicht erwägen wird. Aber auch für Deutschland hätte ein mutiger Schritt hin zu mehr fiskalischer Integration große Vorteile. Beim seit mehr als zwei Jahren praktizierten Durchwursteln oder »muddling through« wächst die indirekte gemeinschaftliche Haftung nicht zuletzt durch die TARGET2-Salden nahezu unkontrolliert, ohne dass es dafür wirksame Mechanismen zur Disziplinierung des Fehlverhaltens einzelner Mitgliedsländer gäbe.

Ein europäischer Finanzminister

Die zur Stabilisierung der Währungsunion erforderliche fiskalische Integration ist dabei weniger weitreichend, als dies im Allgemeinen vermutet wird. Wenn man eine zumindest teilweise gemeinschaftliche Haftung für unumgänglich hält, benötigt man Mechanismen, mit denen man im Notfall direkt in die Haushaltspolitik eines Mitgliedslandes eingreifen kann. Konkret könnte man sich das so vorstellen, dass sich ein Land, dem es nicht möglich ist, die Bestimmungen des Fiskalpakts einzuhalten, sein Budget von einer europäischen Institution genehmigen lassen muss. Gegebenenfalls müsste diese Institution auch das Recht haben, in dem betreffenden Land Steuererhöhungen oder Grenzen für die Staatsausgaben festzulegen. Entscheidend ist dabei aber, dass eine solche Genehmigung und ein solches Eingriffsrecht nur dann erforderlich sind, wenn ein Land eine unsolide Fiskalpolitik betreibt. Solange ein Staat eine Fiskalpolitik verfolgt, die seiner im Fiskalpakt geforderten nationalen **Schuldenbremse** gerecht wird, gäbe es auch in einer Währungsunion mit einer ausgebauten fiskalischen Integration keinerlei Notwendigkeit zu direkten Eingriffen einer europäischen Institution in die nationale Haushaltsautonomie. Für Deutschland würde das konkret bedeuten, dass es dadurch zu keiner materiellen Änderung und auch zu keiner zusätzlichen Einschränkung der fiskalpolitischen Handlungsspielräume gegenüber dem gegenwärtigen Status quo kommen würde.

Es soll hier offenbleiben, wie die für die fiskalische Aufsicht zuständige europäische Institution, die man möglicherweise als **»Europäisches Finanzministerium«** bezeichnen könnte, konkret ausgestaltet werden soll; der ehemalige EZB-Präsident Jean-Claude Trichet hat im Juni 2011 als einer der Ersten ein solches Modell skizziert.[9] Nicht das Wie ist entscheidend, sondern die **demokratische Legitimation** einer solchen gemeinschaftlichen Institution. Sie müsste also vom Europäischen Parlament bestimmt werden, wobei bei einer ausschließlich für die Teilnehmerländer der Währungsunion zuständigen Institution nur die Parlamentarier aus den entsprechenden Mitgliedsländern stimmberechtigt wären. Durch eine demokratische Legitimation der für die Aufsicht über nationale Fiskalpolitiken zuständigen Institution würde ein weiteres wesentliches Defizit des Status quo aus der Welt geschaffen. Als kurzfristige Notlösung war es unvermeidbar, dass die Rettungsaktionen von den nationalen Regierungen beschlossen und dann von der Troika umgesetzt wurden. Als Dauerlösung ist das jedoch alles andere als eine befriedigende Lösung.

Natürlich ist ein solcher Schritt nach vorne nicht ohne Risiken. Die größte Schwierigkeit besteht darin, die deutsche Öffentlichkeit von der Notwendigkeit und Sinnhaftigkeit eines solchen Vorgehens zu überzeugen. Durch die undifferenzierte Schwarzweiß-Darstellung der Krisenursachen, die völlig überzogene und teilweise auch unberechtigte Kritik an den Peripherie-Ländern und unterschwellige Verschwörungstheorien ist hier in den beiden letzten Jahren sehr viel an Porzellan zerschlagen worden. Europa und der Euro werden nicht mehr als Chance, sondern als Bedrohung für politische Stabilität und ökonomischen Wohlstand angesehen. Insofern wird es nicht leicht sein, in Deutschland die Zustimmung zu einer grundlegenden Neugestaltung der Europäischen Währungsunion zu finden, die aller Voraussicht nach nur über eine **Verfassungsänderung** nach Artikel 146 des Grundgesetzes möglich wäre. Diese bedürfte einer Volksabstimmung, bei der eine Zustimmung alles andere als sicher ist.

Doch man sollte sich nichts vormachen. Die riskanteste Lösung wäre ein »Weiter so«, bei dem sich auf der einen Seite die wirtschaftliche Lage in den Problemländern, aber relativ bald auch in Deutschland immer weiter eintrübt, bei der eine immer größere direkte und indirekte (über die EZB) gemeinschaftliche Haftung geschaffen wird und bei der die deutsche Öffentlichkeit sich durch den Euro immer mehr in ihrem Wohlstand bedroht sieht. Dieser Weg führt mit hoher Wahrscheinlichkeit in ein ökonomisches wie politisches Desaster.

Wenn eine Volksabstimmung zur Ablehnung einer weitergehenden europäischen Integration und damit zu einem Auseinanderbrechen der Währungsunion führen würde, wäre das politisch und vor allem auch ökonomisch ebenfalls eine Katastrophe. Aber auf Dauer wäre ein solches Ende mit Schrecken immer noch besser als der Schrecken ohne Ende, der mit einer langsam dahinsiechenden Währungsunion und einer unvollständigen fiskalischen Integration verbunden wäre.

Bankenunion

Neben der stärkeren fiskalischen Integration benötigt eine neugestaltete Währungsunion auch einen neuen institutionellen Rahmen für das Finanzsystem. An erster Stelle ist dabei an eine voll **integrierte Bankenaufsicht** zu denken, die an die Stelle der bisher 18 nationalen Aufsichtsbehörden treten würde; da sich Deutschland mit der Bundesbank und der Bundesanstalt für Finanzdienstleistungsaufsicht (BaFin) gleich zwei Aufsichtsbehörden leistet, gibt es insgesamt sogar mehr Behörden als Mitgliedsstaaten. Wie kann eine Währungsunion funktionieren, in der sich Finanzinstitute ohne Währungsgrenzen frei bewegen können, während die Aufsichtsbehörden nicht in der Lage sind, über den Tellerrand der Landesgrenzen hinauszusehen? Die europäische Aufsichtsbehörde könnte dabei ähnlich föderativ aufgebaut sein wie die EZB, so dass es in jedem Land weiterhin eine nationale, aber weisungsgebundene Behörde als Ansprechpartner insbesondere für die kleineren Banken gibt. Ein großer Vorteil einer europäischen Lösung würde neben der besseren Verfügbarkeit von Informationen darin bestehen, dass eine solche Institution sehr viel unabhängiger gegenüber nationalen Finanzinstituten agieren könnte. Sie würde also das Problem des »regulatory capture«, wonach die Regulatoren häufig in die Abhängigkeit der von ihnen regulierten Institute oder ihrer Interessengruppen geraten, zumindest teilweise lösen.

Ein zentrales Ziel einer gemeinsamen Bankenaufsicht muss darin bestehen, die Strukturen der europäischen Bankenlandschaft so umzugestalten, dass die Insolvenz auch einer größeren Bank nicht mehr zu einem Domino-Effekt führt, der das gesamte Gebäude zum Einsturz bringt. Es ist somit völlig richtig, wenn von Ökonomen wie Politikern gefordert wird, dass Banken notfalls auch in die Insolvenz gehen müssen. Aber dazu muss zuvor das **»too big to fail«-Problem** gelöst worden sein, also das Problem, dass einzelne Banken zu groß sind, um sie untergehen zu lassen. Viele sehen die Antwort darauf in einem **Trennbanken-System,** das unterscheidet zwischen

Geschäftsbanken, die nur Einlagen entgegennehmen und klassische Kredite vergeben, und Investment-Banken, die mit Wertpapieren handeln, spekulative Geschäfte betreiben und private Vermögen verwalten. Da jedoch ein großer Teil der heutigen Probleme in Spanien und Irland auf klassische Bankkredite zurückzuführen ist, hätte eine solche Trennung wenig an der Krise geändert. Zudem ist es im Detail nicht so einfach, die Trennungslinie zwischen beiden Sphären zu ziehen.

Ein erfolgversprechender Weg bestünde vielmehr darin, die **Vernetzungen zwischen Banken** so zu reduzieren, dass auch der Totalausfall einer sehr großen Bank keine existenzielle Gefährdung aller anderen Banken bedeuten würde. Dazu müssten Interbank-Kredite und die zwischen den Banken durch derivative Geschäfte (insbesondere in der Form von Kreditausfallversicherungen) geschaffenen Vernetzungen durch quantitative Begrenzungen in Relation zum Eigenkapital so gering wie möglich gehalten werden. Zudem müssten Obergrenzen für das Geschäftsvolumen von Banken, möglicherweise in Relation zum Bruttoinlandsprodukt einer Volkswirtschaft, gesetzt werden, um zu verhindern, dass der geforderte Abbau der Interbank-Beziehungen zu immer größeren Bankzusammenschlüssen führt. Eine solche Umgestaltung der Bankenlandschaft ist innerhalb der Währungsunion sehr viel besser zu realisieren als im nationalen Rahmen, da sie eine ausreichende Zahl kleinerer bis mittelgroßer Finanzinstitute erfordert.

Neben der gemeinschaftlichen Aufsicht müsste es mittelfristig auch eine gemeinsame **Einlagensicherung** geben. Da sie eine größere Zahl an Instituten einschließen würde als die nationalen Sicherungssysteme, könnte sie die Risiken besser diversifizieren und wäre damit auch gegen stärkere Schocks abgesichert. Natürlich setzt dies –

ähnlich wie bei einer privaten Krankenversicherung – voraus, dass nur gesunde Institute in das Versicherungssystem eintreten können. Eine gemeinsame Einlagensicherung kann somit erst nach einer nachhaltigen Stabilisierung der nationalen Bankensysteme erwogen werden. Sie ist also nur mittel- und langfristig zu realisieren und kann daher keinen Beitrag zur Lösung der aktuellen Krise leisten.

Transferunion?

Es gibt in der deutschen Diskussion über die Europäische Währungsunion kein schlimmeres Schreckgespenst als die bereits erwähnte Transferunion. Das ist sehr gut nachvollziehbar, weil Westdeutschland durch die deutsche Einheit bis heute hohe Transfers nach Ostdeutschland zu leisten hat. Es gibt hierzu schon seit längerem keine aktuellen Berechnungen mehr, zuletzt wurde für die Zahlungen von West nach Ost bis zum Jahr 2009 ein Betrag von insgesamt 1,3 Billionen Euro genannt.[10] Für die Arbeitnehmer und Steuerzahler Westdeutschlands bedeutete die Finanzierung der Einheit höhere Sozialabgaben und Steuerzahlungen. Zudem trieben die Kosten für den »Aufbau Ost« die deutsche Schuldenstandsquote dramatisch nach oben. Sie stieg von 40,4 Prozent im Jahr 1991 auf 60,9 Prozent im Jahr 1999. Die hohen Kosten der deutschen Einheit sind vor allem darauf zurückzuführen, dass es in Ostdeutschland im Laufe der Jahre nicht nur zu einer weitgehenden Annährung der Lohnniveaus kam, sondern zugleich zu einer Angleichung sämtlicher Sozialleistungen (Renten-, Kranken- und Arbeitslosenversicherung) an das Niveau Westdeutschlands. Das führte zu sehr hohen Belastungen für die sozialen Sicherungssysteme. Außerdem wurde ein gigantisches Infrastrukturprogramm für Städte und Regionen im Osten der Republik aufgesetzt.

Ein solches Szenario ist für die Europäische Währungsunion völlig unrealistisch. Auch bei einer vertieften Integration werden die Lohnniveaus in den einzelnen Mitgliedsländern auf absehbare Zeit große Unterschiede aufweisen. Ebenso gibt es keinerlei Bestrebungen und auch keinen Anlass, das Rentenniveau in Griechenland oder Portugal auf das deutsche anzuheben. Eine Transferunion, wie wir sie nach der deutschen Einheit erlebt haben, ist somit für die Währungsunion ausgeschlossen. Das heißt nicht, dass Griechenland in den nächsten Jahren ohne Hilfen seiner europäischen Partner auskommen wird. Doch die Größenordnungen sind überschaubar: Nach Berechnungen des Internationalen Währungsfonds beträgt das Defizit des griechischen Staates (ohne Zinszahlungen gerechnet) in diesem Jahr gerade noch 3 Milliarden Euro. Da der größte Teil des griechischen Haushaltsdefizits für Zinszahlungen aufgewendet werden muss, wäre ein weiterer Schuldenschnitt die wichtigste Hilfe für Griechenland.

Wenn es durch die hier vorgeschlagenen Maßnahmen gelingt, den Konjunkturabschwung im Euro-Raum zu stoppen und die Anleihemärkte zu stabilisieren, spricht vieles dafür, dass alle anderen Problemländer in der Lage sein werden, ihre Staatsverschuldung dauerhaft ohne fremde Hilfe zu schultern. Ein stabiler Euro-Raum ist somit die beste Absicherung gegen das Risiko von Transferzahlungen.

V.
Zwischenlösungen als »Dritter Weg«?

Viele Ökonomen glauben, die Notwendigkeit eines großen Integrationsschritts dadurch vermeiden zu können, dass man einzelne Mitgliedsländer zumindest temporär aus der Währungsunion entlässt oder dass man die bereits erwähnte Aufteilung der Währungsunion in einen Nord- und einen Süd-Euro vornimmt. Andere wiederum sind überzeugt davon, dass zumindest ein Ausscheiden Griechenlands aus der Währungsunion erforderlich sei. Hans-Werner Sinn plädierte in diesem Zusammenhang für das Modell der »offenen Währungsunion«[1]: »Dieser Mittelweg könnte eine ›offene Währungsunion‹ mit assoziierten Mitgliedern sein, die früher Vollmitglied waren, nun temporär eine eigene Währung führen und die Option haben, später wieder voll mitzumachen. Der Status des assoziierten Mitglieds könnte für jene Länder attraktiv sein, die sich den harten Weg der realen Abwertung im Euro-Raum, der mit Preis- und Lohnzurückhaltung einhergeht, nicht zumuten wollen.«

1.
Grexit?

Grundsätzlich wird niemand bestreiten, dass ein Land in der Situation Griechenlands mit einer eigenen Währung schon längst freiwillig oder unfreiwillig eine massive Abwertung erfahren hätte. Wie schon erwähnt, wird damit die Nachfrage nach inländischen Gütern erhöht, wodurch die von den Sparprogrammen ausgelösten negativen Nachfrage-Effekte zumindest teilweise kompensiert werden können. Zudem könnte das im internationalen Vergleich überhöhte Lohnniveau unmittelbar reduziert werden, ohne dass es der sehr viel schwierigeren Anpassung über Lohnsenkungen (»interne Abwertung«) bedürfte. Allerdings ist der Lohnsenkungsbedarf in Griechenland bei weitem nicht mehr so hoch, wie er im Allgemeinen dargestellt wird. Nach Berechnungen der Europäischen Kommission liegen die griechischen Lohnstückkosten im Jahr 2012 um 22 Prozent höher als im Jahr 1999, in der Währungsunion insgesamt beläuft sich der Anstieg der Lohnstückkosten auf 23 Prozent. Im Vergleich zum Durchschnitt der wichtigsten Handelspartner sind die Lohnstückkosten Griechenlands in der Phase von 1999 bis 2012 sogar um fünf Prozent zurückgefallen.[2]

Nun ist jedoch die Abwertung einer nationalen Währung technisch sehr viel einfacher durchzuführen als der Austritt eines Landes aus einer Währungsunion. Problematisch wäre bei einem Grexit (also dem Ausscheiden Griechenlands), der aller Voraussicht nach unkontrolliert erfolgen würde, neben dem Umtausch des Bargelds und der damit verbundenen technischen Anpassungen vor allem die Umstellung von Kreditverträgen. Werden sie auf die neue / alte griechische Währung umgestellt oder lauten sie weiter auf Euro?

Bei einer Beibehaltung des Euro als Schuldmaßstab wären griechische Schuldner kaum in der Lage, die Rückzahlung zu leisten. Bei einer Umstellung auf die Drachme ergäben sich erhebliche Verluste für die ausländischen Schuldner.

Wenn man den Grexit aus einer rein griechischen Perspektive betrachtet, ist zumindest auf mittlere und längere Sicht nicht eindeutig, ob dies dem Land schaden oder nützen würde. Wenn jedoch deutsche Politiker und Ökonomen vehement den Austritt Griechenlands aus der Währungsunion fordern, sollten sie diese Zusammenhänge aus der Perspektive der Währungsunion insgesamt und nicht zuletzt auch Deutschlands betrachten. Sobald das erste Land den Euro aufgibt, wird den Marktteilnehmern das eindeutige Signal gegeben, dass die Mitgliedschaft in der Währungsunion nicht länger irreversibel ist. Die lange und laute Debatte über einen Austritt Griechenlands hat schon jetzt zu einer erheblichen Kapitalflucht aus Italien und Spanien geführt. Wenn der Grexit tatsächlich vollzogen und man in den Medien griechische Sparer sehen würde, die ihre Eurokonten nicht mehr in Euro ausbezahlt bekommen, würde in Spanien und Italien Panik ausbrechen.

Bei einer nüchternen Analyse wäre also der Schaden eines Austritts für Deutschland und andere Mitglieder der Währungsunion deutlich größer als für Griechenland. Genau das sollte die Motivation sein, etwas mehr Verständnis und Geduld für Griechenland aufzubringen, das sich nicht zuletzt deshalb so schwer mit der ihm verschriebenen Therapie tut, weil ihm die heilenden Effekte der Abwertung nicht zur Verfügung stehen.

Geuro, mir graut vor dir

In Krisenphasen haben Wunderheiler Hochkonjunktur. In dieser Disziplin hat sich der ehemalige Chef-Volkswirt der Deutschen Bank, Thomas Mayer, versucht, der Griechenland als Lösung seiner Probleme die Ausgabe einer **Parallelwährung** empfohlen hat.[3] Der griechische Staat solle seine Rechnungen nicht mehr in Euro bezahlen, sondern in Form von Schuldscheinen, die auf eine neue Währung namens Geuro lauten. Es sei zu erwarten, dass der Geuro recht schnell etwa 50 Prozent gegenüber dem Euro an Wert verlieren werde. Auf diese Weise sollen nicht nur griechische Exporte billiger werden, auch die Wirtschaft des Landes soll an Wettbewerbsfähigkeit gewinnen – ohne die Schockwirkung eines plötzlichen Austritts aus der Euro-Zone.

Faktisch würde das bedeuten, dass alle in Geuro vorgenommenen Zahlungen des griechischen Staates gegenüber ihrem ursprünglichen Euro-Betrag um 50 Prozent an Wert verlieren würden. Wenn der Geuro also auch für die Gehaltszahlungen im öffentlichen Dienst sowie für Renten eingesetzt würde, kann man mit großer Sicherheit davon ausgehen, dass es in Griechenland zu einem Volksaufstand käme: Während sich die Einkommen der von Geuro-Zahlungen Betroffenen faktisch halbieren würden, müssten sie Mieten, Pachten und Zinszahlungen weiterhin in unveränderter Höhe in Euro zahlen. Da auch die privaten Verbindlichkeiten weiterhin auf den Euro lauten würden, wären die Bezieher von Geuro-Einkommen über Nacht völlig überschuldet.

Wahrscheinlich käme es mittelfristig dazu, dass dann auch die auf Euro lautenden Zahlungen in der einen oder anderen Form angepasst würden, aber ein solcher **unkoordinierter Übergangsprozess** wäre mit hohen politischen und ökonomischen Risiken verbunden. Und natürlich würde die Einführung des Geuro in den anderen Problemländern die Befürchtung wecken, dass man bei auf Euro lautenden Verträgen mit der öffentlichen Hand am Ende nur 50 Prozent des Geldes zurückbekommt.

Ein griechischer Teilaustritt aus der Währungsunion wäre somit nicht besser, sondern schlechter als eine vollständige Umstellung, bei der auf einen Schlag eine neue Währung für das gesamte Wirtschaftsleben des Landes eingeführt würde. Dies könnte über ein Währungsgesetz erreicht werden, das alle auf Euro lautenden Geldbestände und Geldforderungen, alle Preise sowie alle laufenden Zahlungsverpflichtungen gleichzeitig zu einem vorgegebenen Umstellungssatz in die neue Währung überführt. Da dann der größte Teil der Einnahmen und Ausgaben gleichzeitig auf die neue Währung lauten würde, wären die Anpassungsschwierigkeiten für die Menschen in Griechenland erheblich geringer als beim Geuro. Zudem wäre von Anfang an klar, dass die griechische Notenbank für die neue Währung verantwortlich ist.

Erschien als Beitrag des Autors
in SPIEGEL-Online am 24. Mai 2012

2.
EWS II – ein Klub mit Trainingsraum?

Aber geht es Hans-Werner Sinn und gleichgesinnten Ökonomen nur um Griechenland? Sein zusammen mit Friedrich L. Sell formuliertes Plädoyer für einen vorübergehenden Austritt einzelner Länder[4] und sein Verweis auf die nach seinen Berechnungen um 20 Prozent zu hohen Löhne in Spanien machen deutlich, dass er nicht nur einen Grexit als Sonderfall, sondern eine Exit-Option als Regel für die Währungsunion im Auge hat. Konkret sollen Mitgliedsländer der Währungsunion nach einem Austritt ihre neu eingeführte nationale Währung nicht dem völlig freien Spiel der Märkte überlassen, sondern – nach einer voraussichtlich gravierenden Abwertung – einen festen, aber anpassungsfähigen Wechselkurs zum Euro im Rahmen des Europäischen Währungssystems II suchen. Dabei handelt es sich um ein Nachfolgesystem des von 1979 bis 1998 bestehenden Europäischen Währungssystems. Länder, die daran teilnehmen, verpflichten sich, den Wechselkurs ihrer Währung innerhalb einer Bandbreite von ±15 Prozent um einen vereinbarten Zielwert zum Euro zu stabilisieren. Derzeit sind Dänemark, Lettland und Litauen Mitglieder dieses »Trainingsraums«.

Während man sich bei einem Ausscheiden Griechenlands noch darüber streiten kann, ob dies die Währungsunion destabilisieren würde, wäre das von Sinn und Sell vorgeschlagene Konzept das Ende des Euro, auch wenn beide Autoren noch so sehr beteuern, dass sie am Euro festhalten wollen. Die Märkte würden spätestens dann zusätzliche Risikoprämien für das nun als offizielle Option anerkannte Austrittsrisiko verlangen, die zu der Prämie für das Insolvenzrisiko noch hinzukäme. Wenn man dann wie Sell und Sinn gleichzeitig fordert, dass bei der »Euro-Retterei (…) endlich eine Bremse eingezogen wird«[5], ließe man die Länder mit diesen Zinsen im Regen stehen, was ihren baldigen Austritt aus dem Euro erzwingen würde.

Sobald dieser Geist einmal aus der Flasche gelassen wird, ist er nur schwer wieder zu stoppen. Spanien und Italien wären dem Druck kaum gewachsen. Und danach würde die Verunsicherung der Märkte sehr bald Frankreich und Belgien erfassen. Die Medien würden unschwer herausfinden, dass in Frankreich die Staatsausgaben in Relation zur Wirtschaftsleistung bei 56 Prozent liegen und damit im OECD-Raum nur noch von Dänemark (59 Prozent) übertroffen werden. Sie würden die französische Schuldenstandsquote von 105 und das Defizit von 4,5 Prozent bemängeln und sich ganz allgemein über die schlechte Wettbewerbsfähigkeit Frankreichs auslassen. Und nachdem die Franzosen erlebt haben, wie die Spanier und Italiener aus dem Euro geflogen sind, würde eine gigantische Kapitalflucht nach Deutschland einsetzen. Am Ende müsste Deutschland entweder auch Frankreich ziehen lassen oder aber, ganz auf sich gestellt, ein gewaltiges Rettungsprogramm für Frankreich finanzieren. Die französische Staatsschuld beläuft sich auf 2,1 Billionen Euro. Die Kommentare, die Hans-Werner Sinn dazu verfassen würde, kann man sich schon jetzt lebhaft vorstellen. Mit einer Schuldenstandsquote von über 100 Prozent wäre natürlich auch Belgien jederzeit ein Kandidat für eine Austrittsspekulation.

Nein, wenn man den Austritt aus dem Euro zur Regel machen möchte und gleichzeitig behauptet, eine Rückkehr zur D-Mark nicht zu wollen, ist man zumindest reichlich naiv. Und es stellt sich dann die Frage, warum die Eurokritiker anstelle eines sukzessiven Auseinanderfallens der Währungsunion nicht den sehr viel einfacheren Weg eines **einseitigen Austritts Deutschlands fordern.** Die übrigen Länder könnten dann weiterhin die Infrastruktur des Euro und der Europäischen Zentralbank nutzen, und Deutschland müsste ab sofort keine weitere Haftung für andere Staaten übernehmen.

Dies würde im Prinzip der immer wieder diskutierten Alternative der Aufspaltung der Währungsunion in einen **Nord-** und einen **Süd-Euro** entsprechen. Wenn Belgien und Frankreich sich den Südländern anschließen würden, wäre der Nord-Euro nichts anderes als ein größerer D-Mark-Block. Da Estland, Finnland, Österreich, Luxemburg und die Niederlande nur ein ökonomisches Gewicht von 30 Prozent an einem solchen Währungsraum aufbringen würden, wäre eine Konstruktion mit einer gemeinsamen Währung und damit einer gemeinsamen Notenbank allerdings nicht mehr sinnvoll. Bei einer dem ökonomischen Gewicht entsprechenden Stimmenverteilung würde Deutschland stets über die Mehrheit im Rat der Nord-Zentralbank verfügen. Kaum denkbar ist, dass die deutsche Politik einer Lösung zustimmen würde, bei der die fünf kleinen Länder Deutschland überstimmen könnten. Und so käme es anstelle eines Nord-Euro wieder zu einem D-Mark-Block wie in den achtziger und neunziger Jahren, bei dem sich die kleineren Länder mit einer eigenständigen Notenbank fest an die deutsche Währung binden.

VI.
Zurück zur D-Mark?

Es gibt keinen Zweifel, dass es großer Anstrengungen bedarf, um für die Währungsunion eine widerstandsfähige Architektur zu schaffen, bei der zugleich die Risiken für alle Beteiligten in einem vertretbaren Rahmen bleiben. Doch während sich die aktuelle Diskussion um alle denkbaren Risiken dreht, die mit den Maßnahmen zur Rettung der Währungsunion verbunden sein können, wird selten die Frage gestellt, welche Folgen mit einem unkontrollierten Auseinanderbrechen der Währungsunion verbunden wären. Häufig scheint dabei die Vorstellung zu bestehen, dass wir mit der Rückkehr zur D-Mark in eine geradezu idyllische Situation geraten würden, wo wir nicht länger mit unseren Ersparnissen für andere Länder und deren Banken haften müssen.

1.
Haben wir vom Euro profitiert?

Das führt zur grundlegenden Frage, ob Deutschland seit 1999 vom Euro profitiert hat oder nicht. Anders als für andere Disziplinen ist es für die Wirtschaftswissenschaft nicht einfach, hierauf eine fundierte Antwort zu geben. Wenn man die Vorteile des Euro in einer Weise evaluieren wollte, wie das in der Medizin üblich ist, bräuchte man hundert Volkswirtschaften als Vergleichsgröße, von denen eine Hälfte die Therapie »Währungsunion« erhält, während die andere Hälfte mit der Therapie »eigene Währung« behandelt wird. Nach zehn Jahren könnte man dann einigermaßen verlässlich beurteilen, welches die überlegene Therapie ist.

Hier aber haben wir das Problem, dass wir nur einen einzigen Patienten haben, der mit der Therapie »Währungsunion« behandelt wurde, und einige wenige vergleichbare Volkswirtschaften, die in den letzten zwölf Jahren mit einer nationalen Währung durch die Stürme der Globalisierung gesegelt sind. Die unbefriedigende Datenlage erklärt dann auch die für Außenstehende oft schwer nachzuvollziehende Tatsache, dass in der Volkswirtschaftslehre kontroversere Diskussionen stattfinden als in anderen Wissenschaften.

Für viele Eurokritiker hat Deutschland keinesfalls von der gemeinsamen Währung profitiert. So heißt es beispielsweise in der vom Ifo-Institut organisierten »Bogenberger Erklärung«: »Deutschland ist keinesfalls Eurogewinner, sondern war vielmehr beim Wirtschaftswachstum, den

Investitionen und der Beschäftigung Schlusslicht, nachdem der Euro eingeführt wurde.«[1]

Diese Aussage ist insoweit zutreffend, als die jahrelange Lohnzurückhaltung Deutschland bis zur Mitte des letzten Jahrzehnts in eine anhaltende Stagnation geführt hat. Diese Problematik habe ich in der Vergangenheit auch immer wieder angesprochen.[2] Die dämpfende Wirkung der Lohnmoderation auf den privaten Verbrauch und die Binnennachfrage war tatsächlich zunächst stärker als die stimulierenden Effekte auf den Außenhandel. Dies änderte sich aber mit der Zeit, nicht zuletzt aufgrund der sehr dynamischen Nachfrage aus den Schwellenländern. Mittel- und langfristig hat Deutschland in diesem Bereich also vom Euro profitiert.

Doch was wäre gewesen, wenn es den Euro nicht gegeben hätte? Hätte dann Hans-Werner Sinn im Jahr 2003 ein ganz anderes Buch geschrieben und von seiner Forderung nach massiven Lohnsenkungen Abstand genommen? Wohl kaum. Deutschland hätte sich bei einem System flexibler Wechselkurse oder einem System mit festen, aber anpassungsfähigen Wechselkursen in gleicher Konsequenz für die Strategie der Lohnmoderation entschieden.

Der entscheidende Unterschied wäre in der zweiten Hälfte des letzten Jahrzehnts eingetreten. Unter dem Regime des Euro konnten die deutschen Unternehmen gegenüber den Mitgliedsländern des Euro-Raums nicht nur die Vorteile der Lohnzurückhaltung einfahren. Sie konnten zudem davon profitieren, dass die Finanzmärkte den Euro international nicht als eine ähnlich starke Währung ansehen wie beispielsweise den Yen, den Schweizer Franken oder selbst den chinesischen Renminbi, gegenüber dem der Euro seit Anfang 1999 fast ein Fünftel seines Werts verloren hat. All das erklärt sehr viel mehr die gute Verfassung der deutschen Wirtschaft als die vermeintlichen Effekte der Agenda 2010. Wer glaubt ernsthaft, dass die exzellente Stellung deutscher Unternehmen auf den Weltmärkten auch nur im Geringsten etwas mit der Tatsache zu tun hat, dass auf Langzeitarbeitslose heute mehr Druck ausgeübt wird als im Jahr 2004?

Ohne den Euro hätten die stark **wachsenden Leistungsbilanz-Ungleichgewichte** innerhalb des europäischen Raums mit großer Wahrscheinlichkeit in den Jahren 2007 oder 2008 zu einer deutlichen Aufwertung der D-Mark geführt (Schaubild 17). Und dann wäre die ganze Lohnzurückhaltung umsonst gewesen, da die Aufwertung das gesamte inländische Kostenniveau so weit nach oben verschoben hätte, dass man wieder auf »Los« gelandet wäre. Deutschland hätte so also nicht nur die mageren Jahre 2001 bis 2005 gehabt, es wären alsbald weitere magere Jahre gefolgt. Denn unmittelbar nach der Aufwertung und ihren ungünstigen Folgen auf Wachstum und Beschäftigung wären Ökonomen auf den Plan getreten, die nun endlich die große Lohnsenkung eingefordert hätten. Das hätte sich nach einigen deflationären Jahren irgendwann wieder positiv auf den Außenhandel ausgewirkt, bis dann die nächste Aufwertungswelle herangerauscht wäre. Wenn mit dem Euro in Deutschland die Bäume nicht in den Himmel gewachsen sind, heißt das also nicht, dass es uns ohne den Euro besser gegangen wäre. Vielmehr hätten wir jetzt eine lange deflationäre Phase hinter uns – ohne Aussicht auf eine durchgreifende Besserung.

Schaubild 17: Leistungsbilanzsalden der Mitglieder des Euro-Raums (in Milliarden US-Dollar)

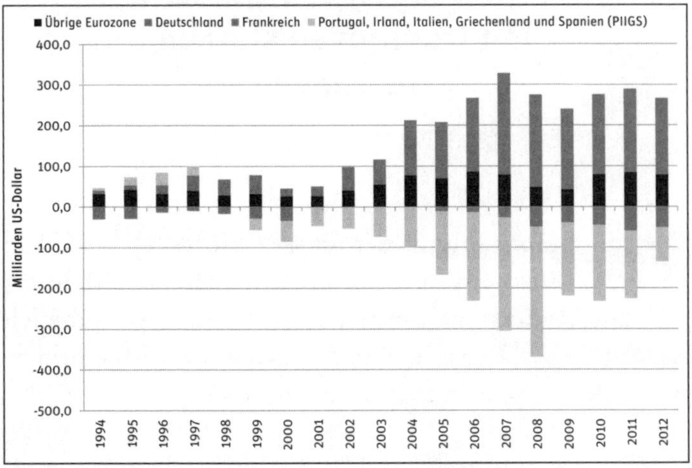

Quelle: OECD, Economic Outlook No. 91, Annex Tables.

2.
Erfahrungen von Ländern mit traditionell starken Währungen

Für die Beantwortung der Frage, wie es Deutschland ohne den Euro ergangen wäre, sollte man die Erfahrungen von Ländern analysieren, deren Währungen – ähnlich wie früher der D-Mark – an den Devisenmärkten prinzipiell eine Aufwertungstendenz beigemessen wird.

Japans deflationäre Welt

Welche Probleme man mit einer zu starken Währung haben kann, verdeutlicht kein Land so sehr wie Japan. Diese Volkswirtschaft weist heute mit einer Schuldenstandsquote von 214 Prozent eine weit mehr als doppelt so hohe Verschuldung auf wie Deutschland.

Japans Probleme mit dem starken Yen begannen in der ersten Hälfte der neunziger Jahre. Das Land hatte gerade das Platzen einer riesigen Immobilienblase erlebt und hätte nun dringend Wachstumsimpulse durch den Außenhandel benötigt. Doch die kaum von gesamtwirtschaftlicher Logik bestimmten Devisenmärkte bescherten dem Land eine so starke Aufwertung des Yen gegenüber dem US-Dollar, dass sich der Außenwert der japanischen Währung von April 1990 bis April 1995 verdoppelte. Der durch die internen Probleme ohnehin geschaffene deflationäre Druck wurde auf diese Weise massiv verschärft. Zur Wiederherstellung der Wettbewerbsfähigkeit mussten die japanischen Löhne sinken. Nach immer wieder aufgetretenen Aufwertungswellen liegen die japanischen Nominallöhne heute um 12 Prozent unter dem Niveau des Jahres 1995. Auf diese Weise wurde ein so starker **deflationärer Druck** auf die japanische Wirtschaft ausgeübt, dass es sehr hoher staatlicher Nachfrageimpulse bedurfte, um das Land einigermaßen im gesamtwirtschaftlichen Gleichgewicht zu halten. Die anhaltend hohen Staatsdefizite sind somit eine wichtige Erklärung für die abenteuerlich hohe Schuldenstandsquote des Landes. Die zweite Ursache hierfür ist das deflationsbedingt seit dem Jahr 1990 stagnierende nominale Bruttoinlandsprodukt, das im Nenner dieser Größe steht.

Aber das ist noch nicht alles. Im Bestreben, immer wieder einmal die Aufwertung durch Interventionen am Devisenmarkt zu stoppen, kaufte die Bank von Japan in großem Umfang Dollar-Bestände an, die sie überwiegend in Form von US-Staatsanleihen hält. Zuletzt beliefen sich diese Guthaben, die man zum größten Teil als Haftung Japans für die Vereinigten Staaten ansehen kann, auf 1,2 Billionen Dollar. Das ist deutlich mehr als der vom Ifo-Institut fortlaufend ermittelte »Haftungspegel« in Höhe von 779 Milliarden Euro, der Deutschlands Haftungssumme für den »worst case« einer völligen Insolvenz Griechenlands, Irlands, Italiens, Portugals, Spaniens abbildet.

Bei allen Problemen, die bei solchen Vergleichen unvermeidbar sind, sollte es zumindest zu denken geben, dass ein wirtschaftlich hoch leistungsfähiges Land wie Japan, das ähnlich in den Bereichen Maschinenbau und Automobil aufgestellt ist wie Deutschland, durch die Aufwertung seiner Währungen in den beiden letzten Jahrzehnten nicht nur eine anhaltende Deflation und eine erschreckend hohe Staatsverschuldung erfahren hat, sondern sich darüber hinaus in hohem Maße zur Finanzierung der amerikanischen Staatsverschuldung gezwungen sah.

Chinas Transferunion mit den Vereinigten Staaten

China ist ein zweites interessantes Anschauungsbeispiel. Die abschreckenden Erfahrungen Japans mit einem weitgehend marktbestimmten Wechselkurs dürften die chinesische Führung veranlasst haben, eine Wechselkurspolitik zu verfolgen, bei der der Wechselkurs nahezu perfekt durch Notenbank-Interventionen gesteuert wird. Nichts hätte weniger in die exportorientierte Strategie dieses Landes gepasst als eine starke Aufwertung, für die es in Anbetracht des zeitweise sehr hohen chinesischen Leistungsbilanzüberschusses durchaus eine Veranlassung gegeben hätte.

Die Strategie ging insoweit auf, als der Wechselkurs des Renminbi von den chinesischen Behörden stets zielgerecht gesteuert werden konnte, so dass – anders als im Fall Japans – unerwünschte Störungen für die Außenwirtschaft vermieden wurden. Aber dafür musste China einen sehr hohen Preis bezahlen. Im Laufe der letzten zwölf Jahre sammelten sich durch die Devisenmarkt-Interventionen der chinesischen Behörden Währungsreserven in Höhe von 3,2 Billionen US-Dollar an (Schaubild 18). Auch hier ist zu vermuten, dass der größte Teil direkt oder indirekt in US-Staatsanleihen investiert wurde. Diese gewaltige Haftungsgemeinschaft, die man auch als die **größte Transferunion** der Welt bezeichnen könnte, geht weit über das hinaus, was selbst pessimistische Euro-Kritiker für Deutschland erwarten.

Aber es steht dahinter ein ähnlich **fragwürdiges Geschäftsmodell** wie der deutsche Merkantilismus des letzten Jahrzehnts. Im Bestreben, möglichst wettbewerbsfähig zu sein, wurde eine zurückhaltende Lohnpolitik verfolgt, die mit einer schwachen Konsumnachfrage einherging. Dafür konnte man im großen Stil Exportgüter verkaufen, allerdings an Länder, die sich das Ganze nur auf Pump leisten konnten. Am Ende hat man mit den Leistungsbilanzüberschüssen große Geldforderungen angehäuft, aber es ist fraglich, ob man dafür jemals einen realen Gegenwert zurückbekommen wird.

Schaubild 18: China – Wechselkurs und Währungsreserven

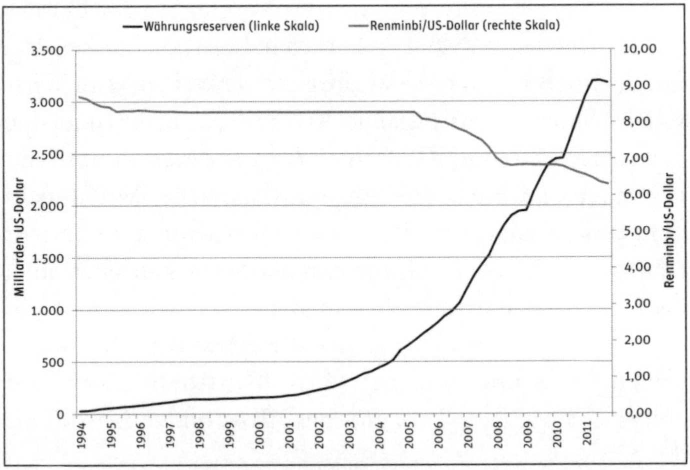

Quelle: IWF, International Financial Statistics

Die Schweiz, das jüngste Opfer der Devisenmärkte

Lange Zeit galt die Schweiz in der deutschen Diskussion als Paradebeispiel dafür, dass man sich mit einer eigenen Währung durchaus erfolgreich auf den internationalen Finanzmärkten behaupten könne. Ohne größere Markteingriffe hielt sich der Schweizer Franken über Jahre hinweg recht stabil bei rund 1,50 Franken je Euro. Das hat sich mit dem Ausbruch der Griechenland-Krise im Frühjahr 2010 grundlegend geändert. Innerhalb von 15 Monaten wertete sich der Schweizer Franken so stark auf, dass er im August 2011 die Parität zum Euro zu erreichen drohte.

Nach längerem Zögern zog die Schweizerische Nationalbank am 6. September 2011 die Notbremse und kündigte eine Kursuntergrenze von 1,20 Franken pro Euro an. Seither bewegt sich der Kurs knapp oberhalb dieses Zielwertes. Die Intervention war im Prinzip erfolgreich, aber der Schweiz ist damit nicht wirklich geholfen. Zum einen ist die Kursuntergrenze im Vergleich zum Durchschnitt der Jahre 1999 bis 2009, der bei 1,55 Franken lag, immer noch sehr ungünstig für die schweizerische Wirtschaft. Spürbare Rückgänge bei den Exporten und den Logiernächten sind die Folge. Zum anderen konnte mit den Interventionen der Zufluss ausländischer Mittel nicht gestoppt werden, da diese weniger spekulativer Natur sind, sondern in erster Linie von der Sorge getrieben sind, dass es zu Austritten einzelner Länder aus dem Euro kommt. Insgesamt beliefen sich die Schweizer Devisenreserven Ende Juni 2012 auf 365 Milliarden Franken. Das entspricht rund 67 Prozent des Bruttoinlandsprodukts der Schweiz.

Die Welt der neuen D-Mark wäre keine heile Welt

Wer heute glaubt, dass die Rückkehr zur D-Mark wieder in eine heile Welt führt, dürfte bitter enttäuscht werden. Wahrscheinlich würde es Deutschland wie Japan ergehen. Ähnlich wie die alte D-Mark würde eine neue D-Mark zum Klub der Währungen gehören, für die bei den Märkten eine ungeschriebene Konvention besteht, dass sie grundsätzlich eine Aufwertungstendenz aufweisen. Die dann wieder für die D-Mark verantwortliche Bundesbank würde sehr lange warten, bis sie eine Aufwertung der D-Mark stoppen würde. Zum einen gibt es bei Notenbankern häufig das irrationale Gefühl, dass nur eine starke Währung eine gute Währung ist. Zum anderen werden Devisenmarkt-Interventionen von vielen Ökonomen sehr kritisch gesehen. In ihre von Marktgläubigkeit geprägte Welt passt es einfach nicht, wenn eine staatliche Institution in Marktmechanismen eingreift. Und sie lassen sich davon auch dadurch nicht abbringen, dass – wie in zahllosen ökonometrischen Studien gezeigt – keinerlei systematische Zusammenhänge zwischen makroökonomischen Fundamentaldaten (Wirtschaftswachstum, Inflationsraten, Außenhandel) und dem Wechselkurs bestehen.[3] Bei den Ökonomen der Bundesbank kann man mit großer Sicherheit davon ausgehen, dass sie diese Skepsis gegenüber Devisenmarkt-Interventionen uneingeschränkt teilen würden. Die wiedereingeführte D-Mark würde also über Jahre hinweg sehr kräftig aufgewertet. Da dies die Wettbewerbsfähigkeit unserer Exportwirtschaft gravierend beeinträchtigen würde, träten alsbald renommierte Ökonomen auf den Plan, die massive Lohnkürzungen forderten. Und natürlich wären die deutschen Arbeitnehmer bereit, alles für die Sicherung ihrer Arbeitsplätze zu tun. Sinkende Löhne würden den Weg in die Deflation einleiten. Das wiederum würde die Schuldenstandsquote Deutschlands (bei der das nominale Bruttoinlandsprodukt im Nenner steht) nach oben treiben, selbst wenn der deutsche Staat keine neuen Schulden mehr aufnähme. Wie in Japan wäre außerdem zu befürchten, dass auf jede Lohnzurückhaltung eine neue Aufwertungswelle folgt. Irgendwann könnte es dann auch der Bundesbank zu viel werden, so dass sie sich zu aktiven Interventionen durchringen müsste. Die Erfahrungen Chinas, Japans und der Schweiz zeigen, dass dies zu sehr hohen Devisenbeständen führen kann. Auf die deutsche Wirtschaftsleistung bezogen, ergäben die in relativ kurzer Zeit angehäuften Devisenreserven der Schweiz einen Betrag von rund 1700 Milliarden Euro.

Wenn man für eine Rückkehr zur D-Mark plädiert, weil man nicht länger für andere Länder haften will, sollte man sich die Erfahrungen Chinas, Japans und der Schweiz genau ansehen. Sie haften uneingeschränkt für die von ihnen erworbenen Staatsanleihen der Vereinigten Staaten (und im Fall der Schweiz für Anleihen aus dem Euro-Raum), ohne dass sie die geringste Möglichkeit haben, auf die Wirtschaftspolitik des Schuldnerlandes einzuwirken.

3.
Übergangsprobleme

Über diese mittel- und längerfristigen Entwicklungen hinaus wären bei einem Auseinanderbrechen des Euro auch gravierende kurzfristige Störungen zu befürchten. Es handelte sich dabei um einen Sprung aus einem fahrenden Zug, dessen Folgen nur schwer abschätzbar sind. Auf jeden Fall wäre mit Stockungen im Zahlungsverkehr und damit im gesamten Geschäftsverkehr zu rechnen, weil die Banken keine Barauszahlungen mehr vornehmen würden oder weil die Bankenaufsicht zeitweise Bankschließungen anordnet. Um die Kapitalflucht nach Deutschland zu stoppen, wären Kapitalverkehrskontrollen unvermeidlich. Da die dazu erforderlichen Bestimmungen und Behörden nicht aus dem Boden gestampft werden können, käme es unvermeidlich zu einem temporären Zusammenbruch im europäischen Außenhandel. Das mit alldem verbundene Chaos würde für die Weltwirtschaft mindestens ähnlich negative kurzfristige Impulse aussenden wie der Lehman-Zusammenbruch im September 2008. Doch anders als damals wären die Staaten aufgrund ihrer hohen Schuldenstandsquoten weltweit nicht mehr in der Lage, die Situation durch eine antizyklische Fiskalpolitik zu stabilisieren. Die Gefahr wäre also groß, dass die Große Depression, die der Weltwirtschaft in den Jahren 2008 / 2009 erspart geblieben ist, dann mit voller Wucht einsetzt.

Tabelle 4: Auslandsforderungen der Bundesrepublik Deutschland gegenüber dem Euro-Raum zum Jahresende 2011 in Milliarden Euro[1)]

	Monetäre Finanz-institute	Wirtschafts-unternehmen und Private	Öffentliche Haushalte	Zusammen
Belgien	43,8	97,0	0,8	141,7
Estland	0,3	0,3	0,0	0,6
Finnland	33,6	28,2	0,7	62,5
Frankreich	222,6	328,2	9,5	560,3
Griechenland	25,3	6,5	3,9	35,7
Irland	82,8	74,2	45,5	202,5
Italien	125,2	88,0	20,6	233,8
Luxemburg	220,7	362,4	1,9	585,0
Malta	7,0	13,3	0,0	20,2
Niederlande	159,7	251,5	7,5	418,6
Österreich	85,8	108,6	3,1	197,5
Portugal	16,8	10,4	4,2	31,3
Slowakei	3,1	7,6	0,2	10,9
Slowenien	2,9	2,5	0,4	5,8
Spanien	127,5	137,1	9,9	274,4
Zypern	5,9	3,2	0,2	9,3
Insgesamt	**1162,9**	**1518,8**	**108,4**	**2790,1**
Problem-länder[2)]	377,5	316,1	84,0	777,7

[1)] Ohne Forderungen der Deutschen Bundesbank gegenüber dem Euro-Raum;
[2)] Griechenland, Irland, Italien, Portugal und Spanien
Quelle: Deutsche Bundesbank

Neben den negativen Folgen für die Realwirtschaft wären erhebliche **Verluste im Finanzsektor** zu befürchten. Zum Jahresende 2011 beliefen sich die Forderungen deutscher Banken, Unternehmen und Privathaushalte gegenüber dem Euro-Raum auf 2,79 Billionen Euro, davon entfielen

778 Milliarden auf die Problemländer. Die TARGET2-Forderungen der Bundesbank von 727 Milliarden Euro sowie der deutsche Anteil an den Rettungspaketen für Griechenland, Portugal und Irland müssen noch hinzugerechnet werden.

VII.
»United we stand, divided we fall«

Der Kampf um den Euro ist jetzt in ein entscheidendes Stadium getreten. Dabei nimmt die Chance, dass die Währungsunion am Ende überleben wird, von Tag zu Tag ab. Dies ist nicht überraschend, da fast alles, was bisher zur Rettung des Euro unternommen wurde, nur halbherzig angegangen wurde. Es fehlt an der Einsicht, dass der Status quo mit seinem Nebeneinander aus integrierter Geld- und Währungspolitik mit 17 souveränen Fiskalpolitiken nicht zu halten ist. Ebenso mangelt es an Mut, die – nicht einfachen – Schritte auf politischer Ebene einzuleiten, die für eine neue Architektur des Euro unabdingbar sind.

1.
»Weiter so« führt in ein Desaster

Ein »Weiter so« würde in ein ökonomisches und politisches Desaster führen, weil der gegebene institutionelle Rahmen die Lösungsansätze verhindert, die zur Bewältigung der systemischen Elemente der Krise benötigt werden. Man muss schon sehr naiv sein, wenn man ernsthaft glaubt, dass es allein durch individuelle Anstrengungen der Problemländer möglich sein könnte, die Lage wieder in den Griff zu bekommen. Die Konsequenzen eines »Durchwurstelns« wären verheerend:

- Die Problemländer würden immer tiefer in die Rezession geraten. Die ohnehin hohe Arbeitslosigkeit würde steigen, es käme zu Bankzusammenbrüchen. Ökonomische Verfallserscheinungen, wie wir sie jetzt in Griechenland beobachten, könnten sich auch in Spanien und Italien breitmachen.
- Die davon ausgelöste Kapitalflucht würde die TARGET2-Salden und damit die indirekte Gemeinschaftshaftung Deutschlands immer weiter ansteigen lassen.
- All das würde zu wachsenden politischen Spannungen in allen Mitgliedsländern führen. In Deutschland würde die unkontrolliert zunehmende Gemeinschaftshaftung die Wut der Bürger noch weiter zum Aufkochen bringen. In den Problemländern würden die immer ungünstigeren wirtschaftlichen Perspektiven, die mit immer neuen Sparprogrammen einhergehen, radikalen Parteien starken Auftrieb geben.

Der erste Schritt zu einer Lösung der Krise muss darin bestehen, dass man sich über den anzustrebenden **Endpunkt** klar wird. Es gibt nur die Wahl zwischen einer umfassend erneuerten Währungsunion (Euro 2.0) und einer Rückkehr zum »monetären Nationalismus«. Es ist eine Illusion zu glauben, dass es zwischen diesen beiden diametralen Alternativen stabile Zwischenlösungen geben kann. Schon bei einem Grexit besteht das Risiko einer Kettenreaktion. Beim Austritt Spaniens wäre ein Kollaps des gesamten Systems sehr wahrscheinlich.

Ebenso illusionär ist die Vorstellung, dass es einen Weg zurück zum ursprünglichen System von Maastricht geben kann, also zu einer Währungsunion mit einer strikten No-bail-out-Klausel. Nach all dem, was in den beiden letzten Jahren geschehen ist, wird das Risiko des »bond-run« wie ein Damoklesschwert über den Staatsanleihen der Mitgliedsländer schweben. Die damit verbundene Krisenanfälligkeit der Währungsunion ist ohne umfassende Formen einer Gemeinschaftshaftung nicht mehr aus der Welt zu schaffen. Zudem würde es dann den Banken und Versicherungen des Euro-Raums an einem ausreichenden Angebot an sicheren Aktiva fehlen. Das wäre vor allem für die sicherheitsbewussten Anleger in Deutschland ein Problem, da sie dann weiterhin mit langfristigen Renditen von nicht mehr als einem Prozent rechnen müssten. Das gesamte System der privaten Altersvorsorge würde damit im Laufe der Zeit erodieren.

2.
Währungsunion 2.0

Die Währungsunion 2.0 würde deutlich mehr politische Integration als heute erfordern, aber keinen europäischen Superstaat. Benötigt wird ein institutioneller Rahmen, der für ein stabiles Geld, für solide öffentliche Finanzen, ein sicheres Bankensystem und eine angemessene demokratische Legitimation sorgt:

- Für ein stabiles Geld kommt es entscheidend darauf an, dass die Europäische Zentralbank nicht dauerhaft zur Stützung von Staatsanleihen verpflichtet ist. Das setzt eine klare **Trennung zwischen Geld- und Fiskalpolitik** voraus, bei der die einzelnen Staaten durch Gemeinschaftshaftung und nicht mehr durch die Notenbank vor Marktstörungen geschützt werden.
- Für stabile öffentliche Finanzen bedarf es zum einen eines sehr viel wirksameren **Kontrollmechanismus für Staaten mit unsolider Haushaltspolitik**. Der Versuch, Fiskaldisziplin über vertraglich festgelegte starre Regeln zu realisieren, hat sich in einem zunehmend unberechenbaren makroökonomischen Umfeld als unzureichend erwiesen. Zudem sind die im Stabilitäts- und Wachstumspakt vorgesehenen Sanktionen wenig zielführend. Die Maximalstrafe, eine Geldbuße in Höhe von 0,5 Prozent des Bruttoinlandsprodukts, würde die finanzielle Situation eines Landes noch weiter verschlechtern. Für eine wirksame fiskalpolitische Kontrolle über Länder mit Haushaltsproblemen wird man um direkte Eingriffsmöglichkeiten einer europäischen

Institution (Stichwort »Europäischer Finanzminister«) nicht herumkommen. Sie müssen über eine Genehmigungspflicht für Haushaltspläne auch die Möglichkeit vorsehen, dass einem Land temporäre Steuererhöhungen vorgeschrieben werden. Die dazu erforderliche Übertragung von nationalen Souveränitätsrechten auf die europäische Ebene bedeutet nicht, dass sich »Brüssel« in die Fiskalpolitik von Staaten mit einer soliden Haushaltsführung einmischen muss. Solange sich ein Mitgliedsland innerhalb des Rahmens seiner nationalen Schuldenbremse bewegt, sollte es wie bisher völlig frei schalten und walten können.

- Eine ebenso wichtige Voraussetzung für stabile öffentliche Finanzen sind tragbare Zinsen für die Staatsverschuldung. Warum sollen Italien oder Spanien 6 oder 7 Prozent Anleihezinsen bezahlen, wenn das nicht minder defizitäre Vereinigte Königreich sich zu günstigen 1,5 Prozent refinanzieren kann? Nur eine **Gemeinschaftshaftung** kann die einzelnen Staaten wirksam vor panischen Angststörungen der Finanzmärkte schützen. Wenn in Deutschland die Gemeinschaftshaftung sehr kritisch gesehen wird, ist zum einen zu betonen, dass sie nur in Kombination mit einer besseren Kontrolle über die nationalen Haushaltspolitiken zu vertreten ist. Zum anderen wird das Risiko einer Haftung dadurch vermindert, dass so eine Zinseskalation verhindert wird. Bei Zinssätzen von 3 oder 4 Prozent werden weder Italien noch Spanien Probleme bei der Tragfähigkeit ihrer Verschuldung haben.
- Für ein **sicheres Bankensystem** kommt es entscheidend darauf an, dass der Euro-Raum über eine einheitliche Bankenaufsicht verfügt. Dies sorgt nicht nur für einen besseren »Durchblick« der Regulatoren, sondern zugleich für eine größere Unabhängigkeit gegenüber

den nationalen Interessengruppen. Die Funktion der Aufsicht könnte durchaus bei der Europäischen Zentralbank angesiedelt werden, die aufgrund ihrer Refinanzierungsgeschäfte über einen guten Einblick in die Situation der einzelnen Banken verfügt. Auf jeden Fall sollte das Mandat der EZB um eine Verpflichtung zur Stabilisierung des Finanzsystems ergänzt werden, um die Fehler der Jahre 2004 und 2005 zu verhindern. Ein solches umfassenderes Mandat würde auch neue Instrumente der Notenbank wie beispielsweise länderspezifische Eigenkapitalanforderungen nahelegen.

- Neben einer höheren ökonomischen Effizienz muss sich eine Währungsunion 2.0 zugleich durch eine **bessere demokratische Legitimation** auszeichnen. Die für die Fiskaldisziplin notwendigen Eingriffsrechte müssen daher von einer Institution wahrgenommen werden, die durch das Europäische Parlament bestimmt wird. Die andere Seite der Medaille ist die Bereitschaft der Nationalstaaten zu einem begrenzten Souveränitätsverzicht. Die Chancen dafür stehen gut, wenn den Ländern dafür ein wirksamer Schutz vor Marktstörungen geboten wird.

Ohne Zweifel ist der Schritt zu einer Währungsunion 2.0 nicht ohne Risiken. Aber sie lassen sich durch einen stabileren institutionellen Rahmen durchaus in Grenzen halten. Demgegenüber wäre eine Rückkehr zur D-Mark, die sich kaum in einem kontrollierbaren Prozess abspielen würde, ein Sprung ins kalte Wasser.

3.
Wer soll über die Zukunft bestimmen: Märkte oder Menschen?

Bei der Alternative Euro 2.0 oder Rückkehr zur D-Mark geht es aber nicht nur um währungs- und finanzpolitische Aspekte. Es geht ganz allgemein um die Frage, welche Mechanismen unser Zusammenleben in Zukunft bestimmen sollen. Durch eine Rückkehr zu nationalen Währungen würden die einzelnen Staaten noch sehr viel stärker von Märkten abhängig sein, als dies bisher der Fall ist. Den **Devisenspekulanten,** die mit der Einführung des Euro im Jahr 1999 ein großes Betätigungsfeld verloren haben, würde wieder Tür und Tor geöffnet. Von ihren im Ergebnis meist wenig rationalen Entscheidungen würde es mehr denn je abhängen, wie wettbewerbsfähig einzelne Volkswirtschaften auf den Weltmärkten sind. Hierin zeigt sich eine erstaunliche Inkonsistenz von Wutbürgern und Wutökonomen. Wie kann man sich auf der einen Seite über die Machenschaften von »Wallstreet und der City of London«[1] empören und gleichzeitig auf eine Währungsordnung hinsteuern, bei der Banken nicht nur eine neue Spielwiese für spekulative Attacken erhalten, sondern ihnen zugleich eine dominante Rolle für die globale Wettbewerbsfähigkeit einzelner Volkwirtschaften beigemessen wird?

Natürlich gibt es auch unter den Bedingungen der Währungsunion Möglichkeiten für spekulative Aktivitäten, aber sie sind deutlich begrenzter. So kann man durch den Kauf einer Kreditausfallversicherung auf die Insolvenz eines Staates spekulieren. Aber man benötigt für eine solche Wette einen Partner, der für eine bestimmte Prämie bereit ist, den Versicherungsschutz zu leisten. Es handelt sich dabei also wie bei jeder Wette um ein Nullsummenspiel, das keinen direkten Effekt auf den betroffenen Staat hat.

Ganz anders verhält es sich bei den **spekulativen Attacken**, die bei einem System mit nationalen Währungen möglich sind. So hat George Soros im Jahr 1992 auf eine Abwertung des Pfund Sterling gegenüber der D-Mark im Rahmen des damaligen Europäischen Währungssystems spekuliert. Er hat dazu bei einer englischen Bank einen kurzfristigen Kredit in Pfund Sterling aufgenommen; für die Bank ein ganz normales Kreditgeschäft. Soros hat diesen Betrag dann sofort am Devisenmarkt in D-Mark getauscht. Diese Transaktion hat den Abwertungsdruck auf die englische Währung erhöht, der dann so stark wurde, dass England aus dem Europäischen Währungssystem ausscheiden musste. Das Pfund Sterling wertete im September 1992 innerhalb kurzer Zeit um 15 Prozent ab. Soros tauschte jetzt sein D-Mark-Guthaben am Devisenmarkt in Pfund zurück und machte so angeblich einen Gewinn von einer Milliarde US-Dollar.

Bei der allgemeinen Enttäuschung über die problematischen Entwicklungen des Euro-Raums weiß heute kaum noch jemand, dass die ökonomische Ratio des Euro schließlich genau darin bestanden hatte, den für alle Mitgliedsländer so bedeutsamen gegenseitigen Handelsaustausch nicht länger dem **Kasino des Devisenmarktes** auszusetzen. Durch die Einführung der Währungsunion wurde dieses Kasino am 1. Januar 1999 geschlossen. Es wäre eine Ironie des Schicksals, wenn es nun – nach all den schlechten Erfahrungen mit Banken und Hedgefonds – zu einer baldigen Wiedereröffnung käme.

Die Entscheidung für einen **monetären Nationalis-**

mus würde sich auch auf andere Bereiche der europäischen Wirtschaftspolitik nachteilig auswirken. Mit der Rückkehr zu nationalen Währungen ist es nicht unwahrscheinlich, dass es wieder zu Kapitalverkehrbeschränkungen kommt, um die Spekulation einzudämmen. Diese lassen sich aber nur dann wirksam durchsetzen, wenn man auch wieder Grenzkontrollen einführt. Es ist auch nicht auszuschließen, dass einzelne Länder die wiedererlangte Autonomie über das Wechselkursinstrument einsetzen, um sich damit gezielt Wettbewerbsvorteile zu verschaffen. Die im Jahr 2010 durch die US-Geldpolitik ausgelöste Diskussion über einen globalen **Währungskrieg** verdeutlicht, welches Konfliktpotenzial hier besteht.[2]

Es ist nicht zu leugnen, dass die krisenhaften Entwicklungen der letzten dreißig Monate zu einem erheblichen Flurschaden bei der europäischen Integration geführt haben. Doch wenn es dadurch anstelle eines mutigen Schritts nach vorn zu einem Rückfall in Nationalismen kommt, besteht die Gefahr, dass das, was sich an dumpfen nationalen Ressentiments aufgebaut hat, auf Dauer zementiert wird.

4. Die Voraussetzungen für nachhaltiges Wirtschaftswachstum sichern

Bei dem verengten Blick auf die aktuellen Probleme der Währungsunion kann leicht der Blick für die größeren Zusammenhänge verlorengehen. Die noch größere Herausforderung besteht darin, für die Weltwirtschaft wieder eine Wachstumsformel zu finden, die ohne eine exzessive private oder öffentliche Verschuldung auskommt. Weltweit scheint sich hier ein Konsens herauszubilden, dass ein wesentliches Element dieser Formel in einer gerechteren Einkommensverteilung bestehen muss. Was Ludwig Erhard mit seinem Motto »Wohlstand für alle« in den fünfziger Jahren für Deutschland erkannt hat, wird jetzt vom Internationalen Währungsfonds ebenso propagiert wie von führenden chinesischen Politikern und Ökonomen.[3]

Doch wie soll das verwirklicht werden? Im Euro-Raum geht der Trend jedenfalls in eine völlig andere Richtung. Bei den von der Troika eingeforderten Strukturreformen handelt es sich im Wesentlichen um Maßnahmen, die, wie beispielsweise der Abbau des Kündigungsschutzes, die Reduktion von Mindestlöhnen und die Schwächung tarifvertraglicher Bindungen, die Verhandlungsposition der Arbeitnehmer noch weiter schwächen. Die Ungleichheit wird somit eher zunehmen als abnehmen. In Deutschland ist in den letzten Jahren ein Teil der großen Umverteilung der Jahre 2000 bis 2007 wieder korrigiert worden, der Anteil der Arbeitsentgelte am Volkseinkommen ist aber nach wie vor weitaus geringer als zu Beginn des vergangenen Jahrzehnts. In den Vereinigten Staaten hat die noch immer hohe Arbeitslosigkeit zu einem Rückgang der Durchschnittseinkommen geführt.

Die Lösung muss darin bestehen, den Anfang der achtziger Jahre vorgenommenen Paradigmenwechsel grundlegend in Frage zu stellen. Damals war das Heilsversprechen, dass freie Märkte und ein Gesellschaftsmodell, bei dem jeder möglichst auf sich gestellt seinem eigenen Vorteil nachgeht, auf Dauer eine für alle gute Welt schaffen würden. Heute wissen wir, dass ungezügelte Märkte ein unglaubliches Zerstörungspotenzial aufweisen können. Der größte Teil der Probleme, mit denen der Euro-Raum heute konfrontiert ist, beruht nicht auf einem Staatsversagen, sondern auf einem Marktversagen.

Kann die Antwort hierauf wirklich darin bestehen, dass man genau diesen Märkten – wie im Regiebuch des »Berliner Konsenses« vorgesehen – nun die Oberaufsicht über die Politik in den Mitgliedsländern der Währungsunion zuweist? Hat man die schmerzhafte Lektion der letzten fünf Jahre gelernt, wenn man den Zusammenhalt der Staaten Europas durch einen »währungspolitischen Nationalismus« schwächt, so dass an die Stelle der Kooperation immer die Konkurrenz zwischen Staaten tritt? Glaubt man, ein Wachstum ohne Verschuldung realisieren zu können, wenn man die Rechte der Arbeitnehmer unter dem Schlagwort der »Strukturreformen«, einer Formulierung, an der George Orwell seine Freude gehabt hätte, immer weiter abbaut?

Die Antwort muss darin bestehen, dass die Welt zurück zu mehr Solidarität findet, zu der Einsicht, dass es viele wichtige Dinge gibt, die nicht der auf sein Eigeninteresse fixierte Einzelne, sondern nur die Gemeinschaft verwirklichen kann. Dazu gehören der Schutz der Umwelt und die soziale Gerechtigkeit ebenso wie ein stabiles Finanzsystem. Und im Gegensatz zum Paradigma des Marktliberalismus wächst mittlerweile die Erkenntnis, dass diese Werte nicht nur für die Menschen, sondern auch für die Wirtschaft von Vorteil sind. Nur mit mehr Solidarität hat die Weltwirtschaft eine realistische Chance, wieder aus der schweren Verschuldungskrise herauszufinden. Oder etwas pathetischer formuliert: »United we stand, divided we fall.«

Das Schicksal der Währungsunion wird entscheidend dafür sein, ob ein solches solidarisches Denken im europäischen wie im globalen Rahmen eine Zukunft haben wird. Ein ungeordnetes Auseinanderbrechen des Euro, dem möglicherweise noch einige dunkle Jahre des Siechtums vorausgehen, wäre zweifellos der »worst case« für die europäische Idee. Aber auch das »Ende mit Schrecken«, mit anderen Worten die Entscheidung zur Wiedereinführung nationaler Währungen, würde die Grenzen zwischen den Ländern wieder höher werden lassen und die Macht der Märkte über die Menschen weiter festigen. Der Schritt nach vorn, also die Stärkung der europäischen Integration durch die Fortentwicklung der Währungsunion zu einem Euro 2.0 und eine Stärkung der Arbeitnehmerrechte, ist ehrgeizig. Aber er allein bietet die Chance für ein Europa, das stark genug ist, sich den oft ebenso blinden wie selbstzerstörerischen Kräften des Marktes wirkungsvoll entgegenzustellen.

Anhang

Anmerkungen

I.
Globale Perspektive statt Tunnelblick

1 In den Jahren 1948 bis 1957 war die Bank deutscher Länder als Vorläuferinstitution der Deutschen Bundesbank für die Geldpolitik in Deutschland verantwortlich gewesen.

2 Judt (2010)

3 Rajan / Zingales (2004), S. 7

4 Siehe dazu ausführlicher Bofinger (2012)

5 Berg / Ostry (2011). Die Kernaussage ihrer Studie lautet: »Over longer horizons, reduced inequality and sustained growth may thus be two sides of the same coin.«

II.
Die chronischen Fehlentwicklungen der Jahre 1999 bis 2009

1 So die »Bogenberger Erklärung«: Sechzehn Thesen zur Situation der Europäischen Währungsunion. Das Argument ist ziemlich merkwürdig, da es ja bei niedrigen Zinsen in den Peripherie-Ländern nicht besonders attraktiv gewesen ist, dort sein Kapital zu investieren. http://www.cesifo-group.de/portal/page/portal/ifoContent/N/pr/pr-PDFs/ifo_2011_bogenberger_erklaerung.pdf

2 Krämer / Sinn (2012), S. 11

3 Die Kommission wollte Deutschland nach Maßgabe des damaligen Artikels 104 Absatz 9 des EU-Vertrags »unter Verzug« setzen, weil es nach ihrer Auffassung keine entsprechenden Anpassungsmaßnahmen unternommen habe.

4 Committee for the Study of Economic and Monetary Union (1989), S. 18: »However, experience suggests that market perceptions do not necessarily provide strong and compelling signals and that access to a large capital market may for some time even facilitate the financing of economic imbalances. Rather than leading to a gradual adaptation of borrowing costs, market views about the creditworthiness of official borrowers tend to change abruptly and

result in the closure of access to market financing. The constraints imposed by market forces might either be too slow and weak or too sudden and disruptive.«

5 Sell / Sinn (2012), S. 20
6 IWF (2006a)
7 IWF (2006b)
8 EEAG Report (2012), S. 125
9 Stock / Watson (2002)
10 Bofinger (2011)
11 Zitiert nach Kindleberger (2000), S. 464
12 Sinn (2003), S. 112 f.
13 Bofinger (2004)
14 EZB (2005), S. 65–82
15 EZB (2008)

III.
Die Verschärfung der Krise in den Jahren 2010 bis 2012

1 OECD (2012)
2 De Grauwe (2011), S. 13
3 IWF (2010), S. 23
4 OECD (2011b), S. 34
5 Batini et al. (2012)
6 Bach (2012)
7 Sinn (2011b)
8 Sinn (2011a)
9 Sinn / Wollmershäuser (2011), S. 29

IV.
Handlungsoptionen zum Erhalt der Währungsunion

1 Issing (1993), S. 91
2 Krämer (2012)
3 Heinemann (2012)
4 Roth et al. (2011)
5 Delpla / von Weizsäcker (2011)
6 Berg et al. (2011)

7 Siehe dazu das Gutachten von Schorkopf (2011)
8 Siehe dazu Tirole (1999)
9 Trichet (2011)
10 Greive / Müller (2009)

V.
Zwischenlösungen als »Dritter Weg«?

1 Sinn (2012)
2 Europäische Kommission (2012), Tabellen 33 und 35
3 Mayer (2012)
4 Sell / Sinn (2012)
5 Sell / Sinn (2012)

VI.
Zurück zur D-Mark?

1 Berger et al. (2011)
2 Siehe dazu beispielsweise mein Minderheitsvotum: Sachverständigenrat zur Begutachtung der gesamtwirtschaftlichen Entwicklung (2004), Tz. 717 ff.
3 Man spricht deshalb auch vom »disconnect puzzle«. Obstfeld / Rogoff (2001)

VII.
»United we stand, divided we fall«

1 So im von Walter Krämer initiierten Aufruf von Wirtschaftswissenschaftlern. Krämer (2012)
2 Siehe dazu ausführlicher: Sachverständigenrat zur Begutachtung der gesamtwirtschaftlichen Entwicklung (2010), Tz. 58 ff.
3 So beispielsweise Yongding (2010)

Literaturverzeichnis

Bach, Stefan: *Vermögensabgaben – ein Beitrag zur Sanierung der Staatsfinanzen in Europa,* DIW Wochenbericht 28/2012.

Batini, Nicoletta / Callegari, Giovanni / Melina, Giovanni: *Successful Austerity in the United States, Europe and Japan.* IMF Working Papers, No. 12/190, 2012.

Berg, Andrew G. / Ostry, Jonathan D.: *Inequality and Unsustainable Growth: Two Sides of the Same Coin?,* IMF Staff Discussion Note, April 2011, http://www.imf.org/external/pubs/ft/sdn/2011/sdn1108.pdf

Berg, Tim Oliver / Carstensen, Kai / Sinn, Hans-Werner: *Was kosten Eurobonds?* Ifo Schnelldienst 64 (17), 2011.

Berger, Roland et al.: Bogenberger Erklärung: *Sechzehn Thesen zur Situation der Europäischen Währungsunion,* Ifo Schnelldienst 64 (23), 2011.

Bofinger, Peter: *Wir sind besser als wir glauben,* Pearson Studium, München, 2004.

Bofinger, Peter: *Teaching Macroeconomics after the Crisis,* Würzburg Economic Papers, No. 86, 2011.

Bofinger, Peter: *The Impact of Inequality on Macroeconomic Dynamics,* Paper prepared for Annual Plenary Conference of the Institute for New Economic Thinking (INET) Berlin, April 12-14, 2012, http://ineteconomics.org/sites/inet.civicactions.net/files/bofinger-peter-berlin-paper.pdf

Committee for the Study of Economic and Monetary Union: *Report on economic and monetary union in the European Community,* Presented April, 17, 1989. http://aei.pitt.edu/1007/1/monetary_delors.pdf

De Grauwe, Paul: *The Governance of a Fragile Eurozone,* CEPS Working Document No. 346, May 2011.

Delpla, Jacques / von Weizsäcker, Jakob: Eurobonds, *Das Blue Bond-Konzept und seine Implikationen,* Friedrich Ebert Stiftung, Perspektive, 2011, http://library.fes.de/pdf-files/id/ipa/08209.pdf

EEAG, *The Hungarian Crisis,* in: The EEAG Report on the European Economy, CESifo, München, S. 115-130, 2012.

Europäische Kommission: Statistical Annex of European Economy,

Spring 2012, http://ec.europa.eu/economy_finance/publications/european_economy/2012/pdf/2012-05-11-stat-annex_en.pdf

EZB-Monatsbericht: *Geldpolitik und Inflationsdivergenz in einem heterogenen Währungsraum,* Mai 2005, S. 65-82.

EZB-Monatsbericht: *10 Jahre EZB,* Mai 2008, http://www.ecb.int/pub/pdf/other/10thanniversaryoftheecbmb200806de.pdf

Greive, Martin / Müller, Uwe: *Seit Mauerfall flossen 1,3 Billionen Euro gen Osten,* Welt online, 7.11.2009, http://www.welt.de/wirtschaft/article5119198/Seit-Mauerfall-flossen-1-3-Billionen-Euro-gen-Osten.html

Heinemann, Frank: *Stellungnahme zur Europäischen Bankenunion,* 2012, http://www.macroeconomics.tu-berlin.de/fileadmin/fg124/allgemein/Stellungnahme_zur_Europaeischen_Bankenunion.pdf

Issing, Otmar: *Einführung in die Geldpolitik,* Vahlen, München, 1993.

IWF (2006a): *Spain—2006 Article IV Consultation Preliminary Conclusions of the IMF Mission,* March 21, 2006. http://www.imf.org/external/np/ms/2006/032106.htm

IWF (2006b): *Ireland: 2006 Article IV Consultation – Staff Report;* Staff Supplement; and Public Information Notice on the Executive Board Discussion, IMF Country Report No. 06/293.

IWF Greece: *Request for Stand-By Arrangement,* IMF Country Report No. 10/111, 2010.

Judt, Tony: *Ill Fares the Land,* New York, 2010.

Kindleberger, Charles P.: *Comparative Political Economy: A Retrospective,* MIT Press, Cambridge, 2000.

Krämer, Walter: *Aufruf von 273 deutschsprachigen Wirtschaftsprofessoren,* 2012, http://www.statistik.tu-dortmund.de/kraemer.html

Krämer, Walter / Sinn, Hans-Werner: *Eine Antwort auf die Kritiker,* Frankfurter Allgemeine Zeitung Nr. 158, 10. Juli 2012, S. 11.

Mayer, Thomas: *Der Geuro – Eine Parallelwährung für Griechenland?,* Deutsche Bank Research, Research Briefing Europäische Integration, 23. Mai 2012, http://www.dbresearch.de/PROD/DBR_INTERNET_DE-PROD/PROD0000000000288868.pdf

Obstfeld, Maurice / Rogoff, Kenneth: *The Six Major Puzzles in International Macroeconomics: Is There a Common Cause?* In: Bernanke, Ben / Rogoff, Kenneth: NBER Macroeconomics Annual 2000 Vol. 15, The MIT Press, S. 339-390, 2001.

OECD (2011a), *Pensions at a Glance 2011: Retirement-income Systems in OECD and G20 Countries,* OECD Publishing. http://dx.doi.org/10.1787/pension_glance-2011-en

OECD (2011b): *OECD Economic Outlook,* Vol. 2011/2, OECD Publishing. http://dx.doi.org/10.1787/eco_outlook-v2011-2-en

OECD: *Economic Policy Reforms 2012: Going for Growth,* OECD Publishing. http://dx.doi.org/10.1787/growth-2012-en

Rajan, Raghuram G. / Zingales, Luigi: *Saving Capitalism from the Capitalists: Unleashing the Power of Financial Markets to Create Wealth and Spread Opportunity,* Princeton University Press, Princeton, 2004.

Roth, Claudia et al.: *Gemeinsam gegen die Eurokrise,* 2011, http://www.gruene.de/themen/europa/gemeinsam-gegen-die-eurokrise.html

Sachverständigenrat zur Begutachtung der gesamtwirtschaftlichen Entwicklung: *Erfolge im Ausland – Herausforderungen im Inland,* Jahresgutachten 2004/2005, Wiesbaden.

Sachverständigenrat zur Begutachtung der gesamtwirtschaftlichen Entwicklung: *Chancen für einen stabilen Aufschwung,* Jahresgutachten 2010/2011, Wiesbaden.

Sachverständigenrat zur Begutachtung der gesamtwirtschaftlichen Entwicklung: *Nach dem EU-Gipfel: Zeit für langfristige Lösungen nutzen,* Sondergutachten gemäß § 6 Absatz 2 Satz 1 des Gesetzes über die Bildung eines Sachverständigenrates zur Begutachtung der gesamtwirtschaftlichen Entwicklung 2012, Wiesbaden.

Schorkopf, Frank: *Verfassungsrechtliche Grenzen und Möglichkeiten für eine Umsetzung des Schuldentilgungspaktes des Sachverständigenrates,* Gutachten im Auftrag des Sachverständigenrates zur Begutachtung der gesamtwirtschaftlichen Entwicklung, Wiesbaden 2011, http://www.sachverstaendigenrat-wirtschaft.de/fileadmin/dateiablage/download/publikationen/rechtsgutachten_schuldentilgungspakt.pdf

Sell, Friedrich / Sinn, Hans-Werner: *Das Euro-System steckt in einer Sackgasse, Süddeutsche Zeitung,* 6. 8. 2012, S. 20.

Sinn, Hans-Werner: *Ist Deutschland noch zu retten?,* Econ, München, 2003.

Sinn, Hans-Werner (2011a): *Die europäische Zahlungsbilanzkrise – Eine Einführung,* Ifo Schnelldienst 64 (16).

Sinn, Hans-Werner (2011b): *Ausverkauf mit der Druckerpresse,* Handelsblatt Nr. 218, 10. 11. 2011. http://www.cesifo-group.de/ifoHome/policy/Staff-Comments-in-the-Media/Press-articles-by-staff/Archive/Eigene-Artikel-2011/medienecho_17008427_ifostimme-hdbl-10-11-11

Sinn, Hans-Werner: *Die offene Währungsunion,* ifo Standpunkt Nr. 137, 2012. http://www.cesifo-group.de/de/ifoHome/policy/Viewpoints/Standpunkte-Archiv/stp-2012/Ifo-Viewpoint-No-137--An-Open-Currency-Union.html

Sinn, Hans-Werner / Wollmershäuser, Timo: Target-Kredite, Leistungsbilanzsalden und Kapitalverkehr: Der Rettungsschirm der EZB, Ifo Working Paper No. 105, 2011.

Stock, James und Watson, Mark: *Has the business cycle changed and why?,* in: Gertler, Mark / Rogoff, Kenneth: NBER Macroeconomics Annual 2002 Vol.17, The MIT Press, S. 159-218, 2003.

Tirole, Jean: *Incomplete Contracts – Where Do We Stand?* Econometrica, Vol. 67, No. 4., 1999.

Trichet, Jean-Claude: *Europa voranbringen – Institutionen stärken,* Rede im Rahmen der Verleihung des internationalen Karlspreises 2011, http://www.karlspreis.de/preistraeger/2011/rede_von_jean_claude_trichet.html

Yongding, Yu: *A different road forward,* China Daily, 23. 12. 2010. http://www.chinadaily.com.cn/opinion/2010-12/23/content_11742757.htm